U0961874

—— 中华家风家教书系 ——

隔代育儿经

92个场景化祖孙教养示例

王老墨◎著

中国经济出版社
CHINA ECONOMIC PUBLISHING HOUSE
·北京·

图书在版编目（CIP）数据

隔代育儿经：92 个场景化祖孙教养示例/王老墨著．

北京：中国经济出版社，2018.6

ISBN 978－7－5136－5224－7

Ⅰ.①隔…　Ⅱ.①王…　Ⅲ.①儿童教育—家庭教育　Ⅳ.①G782

中国版本图书馆 CIP 数据核字（2018）第 103223 号

责任编辑　夏军城

责任印制　马小宾

封面绘画　官　硕

封面设计　任燕飞

出版发行　中国经济出版社

印 刷 者　北京力信诚印刷有限公司

经 销 者　各地新华书店

开　　本　710mm×1000mm　1/16

印　　张　14

字　　数　156 千字

版　　次　2018 年 6 月第 1 版

印　　次　2018 年 6 月第 1 次

定　　价　39.80 元

广告经营许可证　京西工商广字第 8179 号

中国经济出版社 **网址** www.economyph.com **社址** 北京市西城区百万庄北街 3 号 **邮编** 100037

本版图书如存在印装质量问题，请与本社发行中心联系调换（联系电话：010－68330607）

版权所有　盗版必究（举报电话：010－68355416　010－68319282）

国家版权局反盗版举报中心（举报电话：12390）　　服务热线：010－88386794

前　言

在校门前，在公园里，每天我们都能看到许多陪伴孩子的老人；他们为了孩子的茁壮成长，放弃安逸生活，殚精竭虑，倾其所有。这让很多年轻父母不禁喟叹：家有一老，如同一宝啊！

是的，有了老人的帮扶，年轻的父母可以安心工作，放手打拼。但是，年轻的父母心中亦常有不安。他们担心老人太辛苦，影响身体健康；也担心老人育儿方式不够科学，给孩子成长带来负面影响。

毋庸讳言，鉴于老人的身体状况、文化程度、育儿理念等条件所限，老人带孩子也有一些不足。因此，一些育儿专家建议，孩子在幼儿时期最好由父母亲自养育。可就许多家庭而言，现实条件决定只能把孩子交由老人看管。因此，帮助老人转变育儿理念，提高育儿水平；既让老人享受到天伦之乐，又让孩子健康茁壮成长，才是当务之急。这也是笔者出版本书的初衷。

本书通过身边耳熟能详的事例，剖析隔代育儿常见的问题，并提出相应建议。旨在引起读者警觉和注意，更新育儿观念，做到与时俱进。任何方法都不是唯一万能的，建议并非最终答案。家庭和孩子不同，育儿方法亦有差别。

最后需要强调的是，这不仅是一本写给老年朋友的书，笔者更希望对年轻的父母有所裨益。因为父母才是家庭育儿的主体，其育儿水平和能力的提高，对孩子身心的健康发展意义重大。

目　录

第一章　育儿需取经

奶妈们的担忧 / 002

老人的心思 / 004

大爱的无奈 / 006

继续壮大的老年育儿大军 / 006

第二章　老年人育儿的优势与弊端

老年人与年轻人育儿方式的区别 / 008

隔代人育儿的优势 / 012

隔代人育儿的不足 / 012

育儿建议 / 013

第三章　该放手时就放手

父母是育儿主角 / 016

孩子的困惑 / 017

姥姥的心愿 / 018

育儿建议 / 019

第四章　别把陋习当经验

老皇历不能翻 / 022

旧习俗不科学 / 023
道听途说不可信 / 024
封建迷信害死人 / 025
育儿建议 / 026

第五章 包办代替不了孩子成长
孩子为什么会变“笨” / 030
快乐明明的一天 / 031
“神童”的启示 / 032
育儿建议 / 033

第六章 “小霸王”是怎样养成的
“小霸王”是惯出来的 / 038
为何不能与孩子说“不” / 039
总是“心太软” / 041
育儿建议 / 042

第七章 孩子的不良习惯哪来的
不良习惯是家长养成的 / 046
不良习惯是宠出来的 / 046
别为宠溺寻找借口 / 047
育儿建议 / 048

第八章 孩子为什么会撒谎
孩子说谎是心理发展过程中的常见现象 / 052
说谎是大人教的 / 054

说谎是和大人学的 / 055
育儿建议 / 057

第九章 许诺不是灵丹妙药
孩子也要讲诚信 / 062
成人不守信用，孩子跟着学 / 063
许诺的代价 / 065
育儿建议 / 067

第十章 孩子没礼貌是家长宠的
受宠的孩子没礼貌 / 072
孩子的脏话从哪儿学的 / 073
孩子常见的不礼貌行为 / 074
育儿建议 / 075

第十一章 不干不净孩子生病
讲卫生不是小题大做 / 080
不干不净，吃了得病 / 081
成人不讲卫生影响孩子 / 082
育儿建议 / 084

第十二章 揠苗助长使不得
欲速则不达 / 088
报培训班并非越早越好 / 088
捡了芝麻，丢了西瓜 / 089
逼出来的孩子难成才 / 090

育儿建议 / 091

第十三章　孩子不快乐是没玩好

孩子压力太大高兴不起来 / 096

孩子缺失关爱不快乐 / 097

育儿建议 / 098

第十四章　夸过头的孩子易自负

孩子自负是夸出来的 / 102

自负的孩子反倒容易自卑 / 103

比出来的问题 / 104

育儿建议 / 105

第十五章　孩子胆小自卑与家长有关

搂在怀里的孩子胆小 / 110

经常被吓的孩子胆小 / 112

经常被人取笑的孩子胆小 / 113

斥责会让孩子变得胆小 / 114

育儿建议 / 114

第十六章　不听话未必不是好孩子

听话未必就是好孩子 / 120

孩子顶嘴未必是坏事 / 122

别和孩子硬着来 / 123

育儿建议 / 124

第十七章 打骂教不出好孩子

棍棒教育是恶习 / 128

打骂孩子危害大 / 129

育儿建议 / 129

第十八章 孩子的面子比大人重要

揭孩子短处后果严重 / 136

当外人面别揭孩子的底 / 138

孩子也会破罐子破摔 / 139

育儿建议 / 140

第十九章 孩子并非天生孤僻不合群

闷在家里的孩子容易孤僻 / 144

霸道的孩子不合群 / 145

不良的家庭环境会使孩子变孤僻 / 146

育儿建议 / 147

第二十章 孩子自私不能只埋怨孩子

“自私”是孩子成长过程中的阶段表现 / 152

自私孩子是宠出来的 / 153

成人的自私心理会传染给孩子 / 154

育儿建议 / 155

第二十一章 困扰孩子的敏感多疑

大人的玩笑话孩子也会当真 / 160

经常被吓唬的孩子易多疑 / 161

自卑的孩子敏感多疑 / 163
自负的孩子容易敏感多疑 / 164
育儿建议 / 165

第二十二章　孩子为什么喜欢恶作剧
孩子恶作剧多半是觉得好玩 / 168
常被愚弄的孩子喜欢恶作剧 / 169
成人间恶作剧孩子也会模仿 / 170
育儿建议 / 171

第二十三章　这些安全隐患您注意到了吗
安全是第一位的 / 174
孩子哪里玩安全 / 174
居家安全隐患不少 / 176
儿童玩具隐患多 / 177
育儿建议 / 177

第二十四章　别用自己的感觉衡量孩子
感觉往往靠不住 / 182
自以为是危害大 / 183
育儿建议 / 184

第二十五章　孩子为何变成了“两面派”
“小绵羊”与“混世魔王”的转换 / 190
为什么孩子在幼儿园会变乖 / 191
孩子的“两面派”行为是被逼出来的 / 193

育儿建议 / 194

第二十六章　别把成人间的矛盾暴露在孩子面前

孩子为什么不高兴 / 198

孩子为什么无所适从 / 199

育儿建议 / 200

第二十七章　老人带孩子要量力而行

钱奶奶的教训 / 204

硬撑着危害大 / 204

育儿建议 / 205

第一章 育儿需取经

在我国，老年人帮助子女照看下一代的比例高达66%，是一支庞大的队伍。

作为子女，子女对父辈传统育儿理念有担心和忧虑。

老人带孩子常常力不从心。

有关调查数据显示，目前我国老年人帮助子女照顾看孩子的比例高达66%，两岁半以前的儿童主要由老人照顾的家庭高达70%。

大体有以下几种情况：①老人与子女一起带。子女白天上班，孩子放在老人家；或老人到子女家照顾孩子，晚上子女下班自己带。②子女在外地工作，无暇照顾孩子，将老人接过来带孩子。③子女外出工作，或外出打工，将孩子长期留在老家，完全由老人照顾。④其他情况，如孩子母亲不上班，老人与孩子母亲一起带孩子；或家中雇有保姆，主要工作由保姆承担，老人做些辅助性工作。

对于隔辈人照看孩子，孩子父母什么反应，老人又有何想法？

妈妈们的担忧

小米自生下女儿妙妙后，第一次参加同学聚会。席间面对久未见面的同学，她忙不迭地倒起心中苦水：

“你们帮我出个主意，我该怎么办？我家妙妙今年1岁7个月。平时我和老公上班，孩子放在爷爷奶奶家。下班我们过去吃完晚饭，带孩子玩一会儿。我和老公回自己家睡觉，孩子留在爷爷奶奶家。首先声明一下，本人不是懒惰，也想带孩子睡。可妙妙夜里太闹，我睡不好觉，第二天上班都没精神。婆婆说还是由她带好，我就随他们了。可是，我发现公公婆婆太宠孩子，凡事都由他们包办，孩子得不到锻炼。孩子1岁7个月，走路还摇摇晃晃。孩子的话他们从不违背，孩子越来越任性，坏毛病越来越多。我委婉地公公与婆婆谈过几次，小孩子要有规矩，不能惯。可他们却振振有词，一句话把我顶回去，说孩子太小大了就好了。你们说这是什么逻辑。大了性格已形成，还能改过来吗？还有，我和二位老人之间，育儿理念分歧太大。我要给孩子报早教班，他们死活不让。说一点用处都没有，净骗钱，搞得我哭笑不得。我现在怀疑，把孩子交给他们带是不是个错误？你们家里都什么情况，快跟我说说。"

小米话刚说完，大家便七嘴八舌插起话来。

小麦一摆手，说："停，先听我说。孩子当然由妈妈爸爸带好，无人能替代。可问题是，我们能办得到吗？有谁能一直待在家里养孩子？小米，主意我给你出，你辞职待在家里自己带。要是嫌累，请婆婆搭把手，省去你多少烦恼和忧虑。你敢不？"小麦反问小米。

小米摇头，无奈地说："我不敢。没我每月几千元工资，光靠老公养活不起我娘俩，再说……"

小麦又说："你呀，身在福中不知福，孩子有人带；下班有吃有喝，吃饱喝足拍拍屁股走人。去哪儿找？我家四位老人，离得太远，身体又不好，一个也指望不上。没法子，只得掏出我大半月工资雇阿姨。问题是阿姨也不称心，不是年纪太大就是缺少育儿知识；再说，哪有自家老人放心？我两个月换了三位阿姨，家政公司都烦了。我是愁得睡不好觉，吃不下饭。你还顾虑这个顾虑那个，真是饱汉不知饿汉饥。"

小麦话没说完，小丽抢话反驳小麦："米米担心不是没有道理，隔辈人带孩子，年龄差距太大，带出来的孩子毛病多，性格也会受到影响。所以，我就一直坚持自己带孩子。"

小丽被大家打断，众人一起问她："小丽，难道你准备辞职在家带孩子？”

小丽说：“我把孩子送幼儿园，也不让老人带。”

众人笑道：“想得美，一岁孩子哪家幼儿园能收？”

小瑞说：“孩子最好三岁以后送幼儿园，否则问题太多。当然，有个别幼儿园收两岁前幼儿。我家孩子两岁就送幼儿园，孩子太小，总闹毛病，不是感冒发烧就是咳嗽流鼻涕；三天打鱼两天晒网，一个月去不了几天，后来干脆退园了。我把爸妈从黑龙江接来照顾孩子。现在，孩子由爸妈带我放心，可我们之间矛盾很多。他们太宠孩子，我们之间育儿理念不一样，常常争吵。吵后我就后悔，老人身体不是很好，千里迢迢来帮我带孩子，很辛苦，非常不易。想到这些，我就偷偷掉眼泪。可为了孩子，也不能一味迁就。唉，不说了，家家有本难念的经。”

小瑞说到这儿哽咽了。

提起老人带孩子，有说不完的话。说心里话，老人非常不易。为儿女操劳一生，现在又为孙辈忙前忙后，操碎心，非常辛苦，让人心疼。可孩子交给他们，子女心中亦有许多担忧和顾虑。

老人的心思

某住宅小区，十多位年过半百的老人，带着孙辈在庭院里玩耍，处处洋溢着欢歌笑语。

一岁半的女孩妙妙，走起路摇摇晃晃像只笨小鸭。妙妙走路比同龄孩子晚，这可急坏了爷爷奶奶。只见二老弯腰驼背，一人牵只小手，拉着她学走路。爷爷性急快了半步，妙妙没有站稳，一个趔趄摔倒在地，哇哇大哭。奶奶心疼，一把将妙妙抱起，边哄孩子边数落老伴。

家隔壁邻居马大叔看到这一幕，感叹道："瞧这老两口，一天到晚围着孙女转，没一会儿闲的时候，可别把自己累垮了。"

刘姥姥怀抱外孙女，接马大叔话："你儿子现在没结婚，站着说话不腰疼，等你当上孙子，就全明白了。"

马大叔听刘姥姥这话顿时不高兴了，瞪她说："你这老太太，太不会说话！我当爷爷，怎么是孙子？"

哈哈哈哈……小区里的老人一阵哄笑。

刘姥姥一本正经地说："你以为爷爷奶奶、姥姥姥爷就那么好当，得挨够累才有资格。你没看见幼儿园、小学校门口，站那么多接孩子的老人？就说咱们小区的老家伙们，谁家不是成天围着孙子、外孙子转，有的还得做饭。我说错了吗，不是'孙子'是啥？"

马大叔恍然大悟，嘿嘿一笑："老太太话虽糙，多少有点道理。我看妙妙爷爷奶奶，孩子刚出生时热情高涨干劲十足，现在变得萎靡不振，是不是太累了？"

妙妙奶奶叹了口气，接话道："家家如此，家家如此，带孩子哪有不累的？咱小区刘姥姥、赵姥姥、马奶奶、李奶奶，谁家不是这样？孩子们都有自己的事，每天起早贪黑，忙得脚打后脑勺。工作压力那么大，当老人不帮指望谁帮？唉！挨累倒是心甘情愿，自己孩子嘛。只怕费力不讨好，到头来，人家一大堆意见。"

刘姥姥赞同妙妙奶奶的话，说："这话太对了，咱们与年轻人想法不一样。这也不是，那也不对，一天没个好。那叫什么来？猪八戒照镜子，里外不是人。"

这些老人的话，真实、形象地反映了许多老人的内心想法和感受。他们也想安度晚年生活，他们有些牢骚、抱怨，但并不影响实际行动。在他们看来，自己倾尽所有，为什么子女还有那么多抱怨和不满意呢？

大爱的无奈

很多年轻的父母对老人带孩子有种种担忧和顾虑。他们不认同老人的育儿方式和方法，两代人之间常产生分歧和矛盾。育儿专家建议在幼儿时期，孩子最好由父母亲自带，或交由条件完善的社会托幼机构照看，不赞成隔辈人育儿。但年轻的父母忙于工作压力大，没有更多的时间和精力照料孩子，社会上又缺乏足够条件完善的托幼机构；雇保姆照顾孩子，除经济负担外还有其他方面的顾虑。别无选择只能将孩子交由老人来带。

作为老人，他们倾尽所能帮助子女，减轻其工作生活压力，承担起照看孙辈的任务。无奈，由于年龄、生活经历、习惯不同，育儿理念、方法等方面与子女存在分歧，加之精力和体力所限，心有余而力不足。

继续壮大的老年育儿大军

实施普及二孩政策后，有媒体发起在线调查，结果显示，40%的人表示不会考虑生二胎，原因有担心养不起、没人带等。许多年轻人生不生二胎主要看父母，老人如愿意带孩子，他们就准备要二胎，否则不敢生。由此可以预见，又将有一批老人加入育儿大军之中。

第二章
老年人育儿的优势与弊端

老年人育儿具有得天独厚的优势。他们经验丰富，细心且有耐心，将孩子照顾得无微不至。

但有些老人育儿理念、方法陈旧，常溺爱孩子，容易给孩子成长带来负面影响。

老年人与年轻人育儿方式的区别

老年人与年轻人育儿方式有何区别？不妨从下列几个情景来观察。

1. 某日，某小区门前

雯雯上身穿米色小衫，下身穿小花裙，头上别一蝴蝶结；雯雯妈肩挎小包，和孩子在住宅小区门前等候出租车。

邻居瑶瑶和奶奶走过来。瑶瑶长衣长裤，奶奶肩背一大包。

雯雯妈热情地与瑶瑶奶奶打招呼：“婶，您背这么大包，带瑶瑶去哪儿呀？”

瑶瑶奶奶笑道：“去公园。包里给瑶瑶带的是吃的喝的玩的。你们去哪儿？”

雯雯妈笑道：“太巧了，我们也去公园，一起打车走吧。”

瑶瑶奶奶摇头：“打车多贵，还是坐公交车吧。才两站地，不远。”

瑶瑶摇着奶奶的手：“奶奶，我要打车，不坐公交车。”

雯雯妈说：“打车没几块钱，不贵。坐公交车人多，太挤，您还背个大包。”

雯雯和瑶瑶欢呼跳跃：“太好了，咱们一起去公园！”

瑶瑶奶奶没有再吱声，默许了雯雯妈意见。她上前打量雯雯。

瑶瑶奶奶说：“雯雯妈，雯雯让你打扮得太漂亮了，可孩子穿得有点少。早晨天凉，还有风，应该多穿点。”

雯雯妈看着女儿摇头：“不少。婶，你看现在谁还穿长袖衣服，我倒觉得瑶瑶穿得有点多。”

瑶瑶奶回头摸下瑶瑶的头，“说：不多，不多，这孩子见风就流鼻涕。”

瑶瑶奶奶看了眼雯雯的脚，对雯雯妈说：“你这妈妈真是个马大哈，怎么能把孩子袜子穿错？”

雯雯妈一愣，蹲下身子细看，拍手哈哈大笑：“真是，这是两双袜子，一样穿一只。是雯雯自己穿的，我也没在意。算了，天不凉，干脆光脚吧。”

瑶瑶奶奶说：“不穿袜子可不行。我包里还有一双瑶瑶的袜子，她俩一般大，给她穿上。”

于是瑶瑶奶奶翻包，掏出一双袜子给雯雯穿上。

2. 公园林荫路上

雯雯、瑶瑶欢快地奔跑。

瑶瑶奶奶穷追不舍，口里喊着：“别跑，小心摔着。”

雯雯妈若无其事、不慌不忙地跟在后面。

公园小路有些湿，两个孩子脚下一滑，同时摔倒。两人谁都没有哭，趴在地上，回头望大人。

瑶瑶奶奶吓了一跳，跑上前，一把抱起瑶瑶，心疼地问：“瑶瑶，摔疼没有？叫你别跑，你非要跑，你这孩子太不听话。”

雯雯妈若无其事地走到雯雯面前，问：“摔伤没有？自己起来。”

雯雯没有吱声，自己爬了起来。

3. 公园树荫下游人休息区

两个孩子在一起玩耍。

瑶瑶奶奶目不转睛地盯着两个孩子。

雯雯妈掏出手机，翻看着网页。

雯雯手里拿着一个小玩偶，玩得很专心。

瑶瑶把手里的小汽车扔掉，去抢雯雯手中的玩偶。

雯雯向一边躲闪，不给瑶瑶。

瑶瑶上前一把抓住，口中说："给我。"

瑶瑶奶奶拉住瑶瑶说："瑶瑶，咱别抢，跟雯雯好好商量。"

瑶瑶奶奶对雯雯说："好孩子，你比瑶瑶大一个月，是小姐姐，让瑶瑶玩一会儿。"

雯雯坚定地摇头，就是不给。

雯雯妈抬起头，看雯雯一眼，毋庸置疑地说："雯雯，让瑶瑶玩一会儿。"

雯雯噘嘴，不情愿地把玩具递给瑶瑶。

瑶瑶接过玩具，奶奶说："快谢谢雯雯。"

雯雯委屈，暗自流泪。

瑶瑶奶奶不好意思地说："孩子别哭了，瑶瑶把玩具还给雯雯。"

雯雯妈收起手机，起身将雯雯搂过来，说："没事，让瑶瑶玩会儿。"

雯雯妈想了想，对雯雯说："雯雯，咱俩玩老鹰抓小鸡好不好？"

雯雯双手抹眼泪，说："那我当老鹰，你当小鸡。"

雯雯妈妈说："好吧，我当小鸡。我跑了，快追呀！"

雯雯妈说着话，起身张开两只胳膊，跑起来。雯雯兴奋地去追妈妈。

瑶瑶也要追她们，奶奶拦住她，说："咱不玩这个游戏，危险，还是玩雯雯的玩具。"

瑶瑶不听奶奶的劝阻，还要追。奶奶无奈，掏出一个棒棒糖塞给瑶瑶。

瑶瑶奶奶与雯雯妈妈带孩子的不同方式在一定程度上体现了老年人与年轻人带孩子的差别。

老年人更注重孩子的安全。关注孩子安全无可厚非，但过度将适得其反。有的老人总给孩子穿得厚厚的，不停地追着喂孩子食物，一会儿塞一块苹果、一会儿塞一块饼干。带孩子外出游玩，总是大包小包，装着满满的东西。衣服一套怕不够，还要带两套、三套。吃的面包、饼干、水果，用的水瓶儿、奶瓶儿、坐垫、纸巾一样不能少，甚至连尿罐儿都要带上。年轻的父母们则没那么复杂，越简便越好，一个小包、一个水瓶、一点零食足已。老人们怕孩子磕着、碰着，总盯着孩子，与孩子寸步不离。喜欢孩子一个人安静地玩，但凡没有把握的游戏绝不让孩子参与。年轻的父母则更注重孩子的兴趣，孩子越开心越好。他们喜欢与孩子互动，与孩子一起骑车、跑步、踢球、玩飞盘、玩游戏等。大人孩子累得满身汗还嫌不过瘾。

老人往往比年轻人更为细心，更有耐心。对孩子的每个细节了如指掌，每一个细小变化都非常关注。对孩子的饮食起居比父母更关心，凉了、热了，硬了、软了，用心调理。年轻人由于工作繁忙、压力大，对孩子往往粗枝大叶，不及老人细心和富有耐心，在孩子吵闹时容易发脾气。

老年人容易溺爱孩子。老人往往以孙辈为中心，孩子就是他们的一切；对孩子有利的事就办，不利的事情坚决不办。如同瑶瑶奶奶，两个孩子抢玩具，她宁愿雯雯不高兴，也想方设法叫雯雯放弃玩具，让瑶瑶玩。而年轻的雯雯妈妈则比较理性，培养孩子养成谦让的习惯。她批评雯雯，让她把玩具给瑶瑶。当孩子不理解、落泪时，她用游戏转移孩子的注意力，不像瑶瑶奶奶用物质奖励哄孩子。

遇到育儿方面的问题，老年人常凭经验，实在不懂问问街坊邻居；年轻人则喜欢上网查找答案。

总之，老年人和年轻人带孩子各有所长，各有所短。

隔代人育儿的优势

姥姥姥爷、奶奶爷爷带孙辈有许多得天独厚的优势：

第一，祖孙之间浓厚的血缘亲情是无可替代的。中国俗话“隔辈亲”形象地说明了这一点。老人晚年生活更需要亲情的维系与关爱。孙儿绕膝，欢歌笑语，使他们的晚年生活变得更加愉悦和充满朝气。他们对孙辈的疼爱甚至胜于子女，心甘情愿为孙辈的健康成长付出，有钱出钱、有力出力，倾尽所有。老人对孩子体贴入微、关怀备至，孩子的每一步成长都会让他们欢欣鼓舞，牵动着他们的心弦。这些是老人能够带好孙辈的坚实基础。

第二，老人有丰富的生活经验和深厚的社会阅历，对于孩子的培养和教育更有经验。他们大都退休赋闲在家，有充裕的时间和足够的耐心照顾孩子。他们对孩子每一阶段的变化更为了解；尤其在孩子生病和遇到其他状况时，比起年轻父母更有经验，能够自如地应对和处理。

第三，老一辈人具有的中华民族许多优良品质和作风。他们在照料孙辈过程中，将中华传统文化和美德融于教育之中。孩子不仅能接受先进的文化知识，还可以很好地传承中华民族优秀传统文化和美德。

第四，老人帮助子女带孩子，可以替子女节省生活开支、减轻压力，免除后顾之忧，使之有更多的精力和时间专心工作，发展事业。

隔代人育儿的不足

隔代人育儿的不足也是显而易见：

老人们更容易溺爱孩子。有的孩子骄横跋扈，有的孩子自私自利，有的孩子不懂礼貌，有的孩子目空一切、不守纪律，有的孩子不懂得怎样与小朋友相处，这些都源于老人对孩子的溺爱。过度溺爱给孩子性格发展和成长教育造成了严重的负面影响。

一些老经验、老法子，跟不上时代发展。思想保守，育儿理念、育儿方法陈旧，不能及时接受和吸收新的育儿理念和方法。与年轻父母存在较大差距。一项调查数据显示，60%以上幼儿父母经常会因为教育方式、方法等问题与老人发生矛盾。

老人因为身体、精力等原因，往往力不从心。想做却做不到；即使勉强去做，也无法做好。在对孩子早期教育、智力开发和身体训练等方面常不能如意。

育儿建议

1. 扬长避短、取长补短

老人带孩子要“得法”，否则费力不讨好。什么叫“得法”？概括起来就是，扬长避短、取长补短。隔代人带孩子有许多优势和长处，也有不足；要想带好孩子，就要学习年轻人的长处，弥补自身不足，特别要克服溺爱孩子的毛病。爱孩子，但不能惯孩子。不仅要满足于做孩子的好保姆，还要做孩子的好老师、好朋友。不因疼爱孩子而放松对孩子的管教，降低对其的要求，预防孩子养成坏习惯、坏毛病。

2. 与时俱进，学习新知识

时代在发展，带孩子的标准与要求已有很大不同。老年人不能固守老一套，必须与时俱进，学习新的育儿知识和理念。不能仅满足于把孩子养得白白胖胖、护得安安全全，还要力争使孩子德智体美劳全面发展。这方面，老人可以向年轻的父母学习，不断学习新知识，接受新鲜事物。

3. 老人与子女要多沟通

老人与子女之间的沟通十分重要。老人要在幼儿喂养和教育等方面与子女保持同步，不能各自为政。老人遇事要多与子女沟通，倾听他们的意见，尊重他们的育儿建议；同时为年轻的父母创造条件，使他们能有更多的时间与孩子接触互动。

第三章
该放手时就放手

在一些家庭，儿女与老人间的主要矛盾在于：儿女嫌老人操心太多；老人埋怨子女不听话。

父母是育儿的主角，老人是育儿的配角，

老人应支持子女担负起育儿主角的责任，不可越俎代庖。

父母是育儿主角

奇奇今年两岁半。自奇奇出生以后，姥爷姥姥、爷爷奶奶就有一条不成文规矩：凡有关奇奇的重大问题，都由两家老人一起开会做决定。例如，奇奇起一个什么样的学名，参加什么样的早教班，甚至每天吃什么穿什么，都由他们说了算。他们决定带奇奇到6岁直到上小学。

奇奇父母是一对孝顺儿女，虽对老人的做法有意见，也不好坚持，只得默认这条规矩。老人说什么是什么，倒也省心。

有一次，奇奇得了胃肠炎，四位老人带孩子去看医生。医生问："这孩子平时是不是由老人带呀？可得注意了，孩子太胖，胃肠不好，会对将来发育有影响。"

医生一席话让他们震惊，想起奇奇的父母早就对他们的喂养方式提出过意见，只是他们一直置之不理。看来，老年人的育儿理念确实存在问题。大家决定把如何抚养教育孩子的决定权交还给孩子的父母，甘愿在子女的指导下，当好配角，做好辅助工作。

奇奇的父母见老人想通了，非常高兴。他们按照科学育儿方法给奇奇制定食谱和早教方案，老人按方案带奇奇。过了半年，奇奇各方面达到同龄孩子的水平，上了幼儿园。

有些家庭，凡涉及孩子的事情，老人事无巨细，都要过问、操心。他们习惯于发号施令，自作主张。子女或是出于无奈，或是出于图清闲；老人说什么是什么，言听计从，一律照办。由于缺少父母的积极参与，老人不合时宜的育儿方式得不到纠正，给孩子成长带来了不利影响。正确方式是将育儿主角退让给孩子父母，共同参与，当好配角。

孩子的困惑

球球这几天感冒，没上幼儿园。妈妈把他送到姥姥家。在家时，妈妈对球球说："球球，在姥姥家要听姥姥的话，不要淘气。妈妈给你带本书，今天，你要学会一首儿歌。能做到吗？"球球点头，乖乖地答应了。

姥姥带球球在小区里玩了一阵子。回到家，球球吃完水果，姥姥拿出书，教球球念唐诗。

球球说："妈妈给我留作业了，让我学一首儿歌。姥姥，您给我读。"

姥姥摇头："你妈也真是的，都多大了，还学什么儿歌。不学，咱们今天学唐诗。你看三楼奇奇，比你小，都会背80多首诗。咱们得加油，争取超过他。"

球球固执地说："不，我要听妈妈的话，学儿歌。"

姥姥不高兴，说："球球不是好孩子，难道姥姥的话也不听了？你妈临走时怎么跟你说的，不是叫你听姥姥的话吗？"

球球不解："可是，妈妈的话也得听呀。不听妈妈的话，妈妈会不高兴，说我不是好孩子。"

姥姥说："球球，这你就不懂了，姥姥给你讲个道理。好孩子要听妈妈的话，姥姥是妈妈的妈妈，妈妈听姥姥的话，球球听妈妈的话，也就是听姥姥的话。懂得吗？"

球球摇头："才不是，你俩说的话不一样，我不知道应该听谁的话。今天我什么都不学。"球球生气地噘起嘴来。

球球姥姥一番话叫球球既迷茫又无法反驳。"姥姥是妈妈的妈妈，妈妈理所应当听姥姥的话。可是，姥姥和妈妈说的话不一样，我能不听妈妈的话吗？”

这样的情况生活中屡见不鲜，当老人与子女意见不一致时，该如何处理？

球球听信姥姥的话，会产生什么后果？当妈妈意见和姥姥不一致时，球球就会反驳：“我不听你的话，我要听姥姥的。”这样的教育只会将孩子带入歧途。

正确做法应该是，既然妈妈有言在先，就先带球球完成妈妈留下的作业，再做别的事情。有什么不同的想法可以背后沟通，别让孩子无所适从。

姥姥的心愿

娇娇姥姥喜欢音乐，年轻时就一心想把女儿培养成钢琴家，可惜那时没有条件，买不起钢琴。外孙女娇娇一出生，姥姥便把钢琴搬进家，娇娇刚过完四岁生日，就给她报了音乐班。

姥姥的决定遭到娇娇妈妈的强烈反对。娇娇妈妈说：“孩子学什么，要看她有没有兴趣。家长硬逼着学，不但学不好，还把孩子耽误了。等娇娇再大些，叫她自己选择。”

姥姥反驳说：“你懂什么，兴趣在于培养，再等就晚了。”

娇娇妈妈见说不通母亲，便找来懂音乐的同学杨杨，给母亲做工作。杨杨说：“学琴不是越早越好，因为钢琴琴键比较重，太小的孩子手指没有力量，而且孩子太小注意力很难集中，学琴效率低。”

娇娇姥姥早有准备，说：“你们说的这个道理我也懂，我现在不是要孩子弹钢琴。先让她参加音乐班，让她先接触音乐。学一些基础乐理常识，培养乐感，一年后再学。”

最后，娇娇妈还是听从了母亲的意见，带娇娇去上音乐课。但由于班里的孩子都比娇娇大，只听了两堂课，娇娇就再无兴趣了。

很多像娇娇姥姥一样的老人，年轻时由于受主客观条件限制，孩子的发展受到了影响，留下了种种遗憾。他们要在孙辈身上给予补偿，实现夙愿。于是，给孩子报各种兴趣班。结果孩子不愿意，子女也不情愿。对此，老人应做到：不该管的事别管，把权力还给子女，操心太多未必是好事。

育儿建议

在一些家庭，儿女与老人间的主要矛盾在于：儿女嫌老人操心太多，干涉太多；老人则埋怨子女不听话，不知深浅，好心当成驴肝肺，等等。那么，老人和子女该如何相处呢？

1. 做好参谋胜过发号施令

有的老人习惯以自我为中心、以家长自居，事必躬亲，事事操心。他们担心子女社会经验少，生活能力差，照顾不好下一代。一天忙到晚，累得筋疲力尽。

其实，老人的担心和顾虑是多余的。年青一代较之老一辈，虽然生活经验与社会阅历不够丰富，甚至缺少吃苦耐劳精神。但是，他们已长大成人，已独立生活工作。他们中的大多数较之老一辈，受过高等教育，更容易接受新的育儿理念、方式和方法，完全有能力承担生儿育女责任。老人应放手让其负起责任。能放手时就放手，能清闲得清闲。要相信：长江后浪推前浪，一代更比一代强。

2. 隔辈教育不能替代亲子教育

即使最完善的隔代教育也无法代替父母对孩子的亲子教育。特别是在幼儿早期，年轻父母与孩子间的交流、沟通与互动，对于孩子的成长至关重要，无可替代。老人要认清这一点，多为子女与孩子创造互动条件，要让子女担负起父母应负的责任。孩子父母即使工作再忙再累，也要抽出时间多陪伴孩子。

3. 明确育儿主角和配角

两代人在教育孩子方面上各执一词，意见不合，会让孩子茫然，无所适从。久而久之，就会学会当面一套，背后一套，这对孩子是一种伤害。有条件的老人，可与子女分工合作，共同担负起育儿重担。老人应摆正位子，甘当配角。有什么意见和建议及时与子女沟通。子女应尊重老人，认真听取老人的意见，不要当孩子面反驳老人，或无视老人的意见。

在育儿问题上，老人与子女间难免会发生矛盾，持有不同意见。两代人要多背后沟通，协商解决。老人要多听取子女的意见，了解他们的想法和打算，别把自己的意愿强加给他们。在无关是非的问题上，睁一只眼闭一只眼，得过且过。多认可子女的意见，维护育儿主角的权威；多征求子女的意见，不可包办代替。

第四章
别把陋习当经验

时代在发展，社会在进步。老黄历不能翻，旧风俗习惯不科学，道听途说不可信，带孩子要与时俱进。

俗话说：“家有一老，如有一宝”。是说老人有丰富的生活阅历及经验，各方面想得十分周全，能为年轻父母提供宝贵的育儿指导。但此一时，彼一时；时代发展了，条件不同了，育儿理念、方式和方法都要随之变化，一样的孩子不能一样来养，老人的那些育儿经验再拿出来未必合适。

老皇历不能翻

春丽产后住在父母家。春丽爸妈见小宝宝非常可爱，满心欢喜，将其照顾得无微不至。宝宝出生时正值寒冬腊月，气温零下三十多度。春丽妈生春丽时也正值这个季节，由于没有注意保暖，春丽得了冻疮，至今还留有伤疤。这段经历叫老人刻骨铭心，她担心再犯同样的错误，每天把宝宝捂得严严实实的。没想到，宝宝被捂得得了湿疹，反反复复发作。小小的孩子成了红脸关公，经过很长时间的治疗才好。

春丽爸爸是个爱读书之人，他买了几本育儿书来读。他与老伴心平气和地谈了自己的看法：“老伴，当年生春丽，我们住平房。虽然有火炉，还是十分寒冷，当然要注意保暖。现在住的是楼房，家里都在零上二十多度，还那样捂孩子，能不得湿疹嘛？我再跟你说个事，你别生气。春丽在月子里，你只让她吃小米粥和鸡蛋，吃得她现在见这些东西就想吐，就不能让吃点别的东西？比如……”

春丽妈打住老伴的话："你别说了，孩子得湿疹，是我做得不对。我是一朝被蛇咬，十年怕井绳。吃小米粥鸡蛋有什么不对？女人坐月子不都吃这些东西，没道理祖辈能流传下来？"

春丽爸说："这都是老皇历。以前条件不好，月子里吃小米粥加鸡蛋就是好的了。现在时代发展了，生活好了，想吃什么有什么，讲究营养均衡，为啥非守着这几样不放？"

春丽爸说得对，育儿不能墨守成规，翻老皇历。

旧习俗不科学

梅子刚生完孩子，姥姥来看她。姥姥见孩子长得胖嘟嘟的，小胳膊小腿，乱踢乱蹬，很是喜欢。老人从兜子里掏出一条布带扔在床上，对梅子说："孩子这么养可不行，得把他绑上。来，我教你。"姥姥说着做起示范。她将孩子两腿拉直，两个胳膊紧贴在身体两侧，然后用被单把孩子包紧，再用带子绑紧。姥姥说："这样做的好处太多了，孩子不会长成罗圈腿，还能保暖。孩子睡得安稳、不会受到惊吓。你看有的孩子睡觉一惊一乍的，就是没有捆好。"

梅子看了妈妈一眼，妈妈暗中向她摆手，示意她别顶撞老人。梅子坐月子前看过一些育儿书，书中介绍，老辈的这个方法并不科学。刚刚出生的宝宝小腿内弯，大部分是正常生理性弯曲，与宫内姿势有关。把宝宝捆裹在"蜡烛包"内，其四肢活动受到限制，失去自由，会影响运动功能的正常发育。如果裹得太紧，还容易造成髋关节脱位，不利宝宝健康成长。梅子让妈妈看，妈妈很赞同，开明地说："旧习俗不科学，这回咱们不按姥姥的办法做。"

梅子笑着对姥姥说："姥姥，我刚出生时，您是不是也给我这样捆起来？"

姥姥说："是呀，你和你妈我都是这样养的。"

梅子说："我说呢，我这两条腿没有长好，夏天都不敢穿裙子。"

姥姥不高兴了，噘着嘴说："净瞎说，我这办法还是我妈传给我的，捆了几代人，没听说谁的腿没有长好。"

现代科学认为，孩子罗圈腿是由于缺钙造成的，与捆绑无关。梅子姥姥的做法是一种陋习，不能当成育儿经验传承。

道听途说不可信

张小娅生下了一个漂亮女儿，每日端详可爱的小公主，都让她喜不自禁。女儿眼睛很大，嘴巴也很好看，美中不足是鼻梁有些扁，如果女儿再有个高鼻梁，那就完美了。小娅向母亲说出了自己的遗憾。小娅妈记得邻居张婶跟她说过。刚出生的孩子，经常给捏捏小鼻子，鼻梁会渐渐隆起来，长大了就是个高鼻梁。

张小娅听信妈妈的话，没事就给宝宝捏鼻子。一天，张小娅发现孩子鼻子又红又肿，心里很害怕，忙抱孩子去医院。医生批评了她的这种错误做法，指出：小儿鼻梁骨是软骨组织，鼻腔黏膜娇嫩，血管丰富。常捏会损伤黏膜和血管，使鼻腔防御功能降低，容易被细菌、病毒侵袭。另外，小儿的耳咽管较粗、短、直，乱捏鼻子会使鼻腔中的分泌物通过耳咽管逆行进入中耳，引起中耳炎。孩子鼻梁主要受遗传因素影响，刚出生的宝宝基本上都是扁鼻梁，随着生长发育，鼻梁会慢慢发育起来。

民间流传的一些育儿方法有待检验，如给孩子刮眉毛眉毛会长得又黑又粗，常捋耳朵会使耳郭更加圆润，等等。不可人云亦云，以讹传讹，甚至当成经验传给年轻的父母，造成不良后果。

封建迷信害死人

果果姥姥有很多讲究，如女人坐月子、伺候孩子的许多禁忌；什么事该做，什么事不该做。果果妈妈又是个随和的人，老人说什么是什么。

果果妈单位有急事，需出趟远门，她就把孩子送到娘家。

果果半夜总是哭闹，不睡觉。果果姥姥和姥爷观察半晌也没看出什么毛病，心中着急，不知所措。于是，果果姥姥去找与自己对脾气的刘姥姥。刘姥姥育儿经验丰富，果果姥姥有什么难题都愿意向她求教。

刘姥姥问果果姥姥："你没有发现孩子有什么不对的地方？"

果果姥姥摇头，说："没有，孩子白天好好的，就是夜里闹得厉害。"

刘姥姥说："孩子闹夜，有人教我一招。拿张纸，上面写上：天黄黄，地黄黄……哎，我想不起来了，一会儿打电话给你问问，然后把纸贴在街上电线杆上。"

果果姥姥问："管用吗？"

刘姥姥说："反正也不用花钱，试试呗。"

果果姥姥心急说："我这有电话，你现在就给我问问。"

果果姥姥回到家，找出一张纸，将刘姥姥告诉她的几句话写在纸上，晚上把纸贴到大街电线杆上。这天夜里，果果果然没有哭闹，一直沉睡，第二天早晨还没有醒。果果姥爷见不对劲，就喊果果姥姥。果果姥姥说："没事儿，孩子闹腾好几天了，还不得往回捞觉。"可是，到了中午，果果还是不睁眼。果果姥姥姥爷害怕了，忙抱孩子去医院。

医生检查后对果果姥姥和姥爷说："孩子得了脑膜炎，出现嗜睡症状，你们再晚来就危险了。"要求立即住院治疗。

婴儿时期孩子哭闹很常见，原因多种多样。例如，孩子没有养成良好作息习惯，睡前喂哺奶量不足，微量元素缺乏，不适等都会导致哭闹。实在担心可带孩子去医院查一查，切勿相信封建迷信害了孩子。

育儿建议

1. 这些陋习得改

嘴对嘴喂食。有的老人认为孩子牙齿没长好，自己不会咀嚼食物，喜欢将食物咀嚼好后喂给孩子吃，这样做很不卫生。幼儿极易被成人口腔内的细菌所感染；另外，幼儿吃咀嚼过的食物，会影响咀嚼能力的锻炼，对发育不利。

给孩子烫伤涂抹酱油、牙膏。酱油中含有盐，会使创面细胞脱水收缩，加重损伤；且酱油并非无菌，很可能引起感染。涂抹牙膏则会让热能包裹在皮肤内，继续伤害皮肤。更有甚者，有人在孩子烫伤后向伤口撒盐，更加危险。

孩子哭闹就喂食。幼儿哭闹有多种原因，要查清原因，有针对性地采取措施。担心幼儿没有吃饱，一哭就喂食，容易把胃喂坏，留下病根。

通过摇晃哄孩子睡觉。当幼儿哭闹或者不愿意睡觉时，有些老人习惯于抱着摇晃哄其睡觉。过度、持续地摇晃孩子，会对幼儿大脑造成伤害。如果一定要抱着哄，要贴抱幼儿，轻拍其后背，让幼儿有安全感，从而安然入睡。

孩子吃东西时引逗。边逗孩子边喂食，非常危险。孩子吃饭时精神不集中，或哭闹、大叫大笑，食物容易呛入气管，引起呼吸道梗阻，导致呼吸困难、窒息。

随便亲吻孩子。有些老人随意亲吻幼儿，很容易使幼儿染病。

2. 带孩子的方式方法要更新换代

现代育儿方式及方法已有很多改进提高，现代育儿理念讲究饮食要科学、营养、均衡，睡眠要充足。对孩子的动作技能、智力开发、社会行为和人格发展进行全面训练，不只是保证孩子能够吃饱饭、睡好觉。每个孩子的个性、气质、爱好、智商和成长环境都存在差异，家长应根据孩子的自身特点，因材施教，使孩子德、智、体、美、劳全面均衡发展。

老人要摒弃旧的、过时的育儿观念，学习新的育儿经，与时俱进。这样，既保留了传统育儿经验，又增添了新的育儿知识，不落伍、不拖子女的后腿，带起孩子来更加得心应手。

第五章
包办代替不了孩子成长

原本在家能做的事情，到了爷爷奶奶、姥爷姥姥家就不会做了，原因只有一个——老人太宠爱孩子。

照看孩子不应只尽到好保姆职责，更重要的是要发挥老师、导师作用，帮助引导孩子战胜挫折健康成长。

孩子为什么会变“笨”

多多有一个月没来爷爷奶奶家了，这个休息日，他在爷爷奶奶家过得很开心。晚上，爸爸接他回家，多多不想回。他跟爸爸说，还要在爷爷奶奶家多住一天。

爸爸说：“你再住一天可以。不过，多多，你得如实回答爸爸几个问题，不许撒谎。”

多多说：“你问吧，我不撒谎。”

爸爸问他：“你吃饭前洗手了吗？”

多多说：“洗手了。”

爸爸问：“是你自己洗的手吗？”

多多说：“奶奶给我洗的。”

爸爸问：“是自己吃饭，还是奶奶喂？”

多多答：“奶奶喂的。”

爸爸问：“地上的玩具是谁收拾的？”

多多答：“爷爷。”

爸爸问：“和爷爷奶奶去公园，出门时谁给你系的鞋带？”

多多说：“爷爷。”

爸爸问：“回来时，叫没叫爷爷背？”

多多没有吭声，点了一下头，鼻子一酸，哇的一声哭了起来。

多多这一哭，奶奶不高兴了，数落多多爸爸：“孩子这一天玩得非常开心，你一来就把他惹哭了。哪有你这么当爸爸的！孩子这么小，不会做的我们帮他做，怎么就不对了？你不想在这儿待就快走吧。”

多多爸爸对母亲说：“刚才问多多的这些事情，在家都是他自己完成，干得好好的。为什么一到这儿就变“笨”，什么都不会了？还不都是你们给惯的。”

奶奶数落多多爸爸：“我们惯他什么？他要是像你这么大，想让我们给喂饭、系鞋带，我们还不干呢。”

多多爸爸反驳母亲：“其实，您没有必要那么担心，早晨让他自己穿衣服、系鞋带，做不好就让他学。自己不吃饭，就让他饿着，看他吃不吃？玩完玩具，让他自己收捡。为什么不让他自己做，非得替他做呢？”

爸爸问多多：“爸爸说的这些事，你自己能做到不？”多多点头：“我能办到。我是要自己吃饭，奶奶非要喂我。还有，我会系鞋带，爷爷非要给我系。”

奶奶听这话一旁苦笑：“好你个小坏蛋，我帮你，你还告我的状。说来说去，都是我的不是。”

为什么孩子在家能做的事情，到爷爷奶奶、姥爷姥姥家就不会了？原因只有一个，很多老人太宠爱孩子，把孩子宠“笨”了。孩子自己能做的事情也不让他们做，一切包办代替。孩子正是抓住老人这一心理，能做的事情也让老人做。如果不注意加以纠正，会使孩子养成懒惰的习惯。

快乐明明的一天

明明一直住在姥姥家，由姥姥姥爷带。

明明是个勤快的孩子，每天早晨起床后，自己穿衣服、洗脸。出门也是自己穿衣，系鞋带，不用大人帮忙。

饭前明明和姥爷一起玩半小时，在地板上摆起两队汽车，开来开去，很有意思。

姥姥做好早饭大家一起吃。明明虽然吃得有些慢，却吃得很干净，姥爷和姥姥及时表扬他。

吃过早饭，姥爷带他到公园玩一个多小时。回家看绘本，听故事，看电视。看电视时间一般不超过20分钟，明明虽然有时也舍不得丢下电视，但能约束自己。中午明明午休，下午和小区里小朋友玩一会，明明很愿意把玩具拿出来与小朋友们分享。常有老人拿一些零食给孩子吃，也给明明，明明拒绝说："姥姥姥爷说了，一边玩一边吃东西不好。"

时间到了，该回家了。有的孩子耍赖，叫大人背回家；有的孩子非要买小食品，只有明明非常乖巧地跟着姥爷上楼。

小区里其他带孩子的老人都羡慕明明的姥爷姥姥，问："明明这么懂事，你们带孩子有什么诀窍？"

明明姥姥姥爷笑着说："我们的诀窍就是，孩子能做的都让他自己来做。"

明明的姥爷姥姥说得非常好，孩子能做的都让他自己来做。如果我们事无巨细，全部包办代替，只能使孩子养成衣来伸手、饭来张口的坏习惯。试想一下，这样的孩子走向社会之后，怎么能够自强、自立？

"神童"的启示

有关媒体报道：一位"神童"2岁就掌握了1000多个汉字，4岁基本学完了初中阶段的课程，8岁进入重点中学，13岁高分考入大学，17岁考取硕博连读。可因为无法独立完成学业被迫退学。原来在其8岁上中学期间母亲就开始陪读，上高中时母亲还喂饭。为让他专心读书，任何事情都不让他插手。洗衣服、端饭、甚至挤牙膏都不会，以致在脱离家人照顾后无法独立生活。热了不知减衣服，冷了不知加衣服；房间不会打扫，袜子、脏衣服乱扔。甚至连考试和撰写毕业论文都忘记，结果一门功课被记零分，最终失去继续攻读博士学位的机会。儿子退学之后，母亲开始反思自己的教育方式。她悔恨地说："全是我的错，是我害了他。"

一个人要想成才，对社会有所贡献，只有文化知识是远远不够的。必须要补上生活这一课，学会自立、自强。一个人的知识再丰富，若缺乏自主自立精神，事事依赖他人，就是个生活低能儿，不会有大作为。

"神童"一例让我们不得不反思：一方面，为了孩子成才，家长不惜投入大量人力财力；另一方面，却忽视了从身边小事做起，对孩子自理能力的培养和训练。结果，孩子虽然长大了，学业有成，却无法立足社会独立生活。

育儿建议

1. 做好老师胜过做好"保姆"

在有些家庭，老人就是一名优秀的保姆。他们起早贪黑，任劳任怨，却忽视了如何成为一名好老师、好教练。我们不仅要照顾好孩子的日常起居生活，保证孩子吃好喝好睡好玩好，还应更多关注孩子在成长过程中存在的各种问题，有针对性地对孩子进行指导和教育。姥姥姥爷、奶奶爷爷们应注重孩子德、智、体、美、劳全面发展，重点帮助指导、锻炼孩子的动手能力、思维能力和辨别能力。教育孩子树立爱劳动、爱学习、自强自立的思想意识，养成自己的事情自己做的行为习惯。包办无法替代孩子成长，家长服务得越是细致入微，孩子的自理能力往往越差。

任何不会做的事情，对于孩子来说都是难题。漫长的成长过程中，孩子总要经历一个又一个挫折。家长应该持有怎样的态度？包办代替？怨天尤人？还是逃避？

成长的过程，就是不断战胜困难的过程，只有战胜困难才能成长进步。缺乏挫折历经的孩子，心理承受能力通常较差，常因生活中的一点小困难而情绪低落。从这一点来看，不让孩子受一点委屈，不是爱孩子，而是害孩子。家长应让孩子适当地体检、感受挫折，帮助孩子正确地面对困难，找出战胜困难的办法；而不是包办代替、怨天怨地，或是逃避，孩子才会进步得更快一些。

2. 放手让孩子自己去做

我国教育家陈鹤琴先生说："凡是孩子自己能做的事，让他自己去做。"孩子的独立性、自理能力和责任感，这是花多少钱也买不来的。只要家长少一点溺爱，放开孩子的手脚，多给他们一些锻炼机会就能办到。如此简单，何乐而不为？

凡是自己能做的事情都让孩子自己来做。如让孩子自己吃饭，不怕孩子吃得满嘴都是米粒，把饭撒满餐桌，成长总是需要一个过程。锻炼孩子自己穿衣服、系鞋带，孩子可能仍笨手笨脚，未必能穿好，但不要着急，要有耐心。一遍一遍，鼓励他们多多实践，一次总比一次做得好。

家长都想锻炼孩子，希望他们早日独立。问题在于，一些老人心里这样想，做起来就变样。原因有两点：一是太着急。看孩子笨手笨脚，忍不住伸手代劳。二是心疼。看孩子做不好不想难为孩子。孩子从而失去锻炼的机会。所以，该"偷懒"则"偷懒"，您若是勤快，孩子就会偷懒。

让孩子自己收拾玩具。开始，可以给玩具找个固定的安放位置，给孩子做一两次归位示范。不管孩子做得如何，家长都应当放手让他们去做，不要替孩子打扫“战场”。这不仅仅是锻炼孩子的动手能力，更重要的是让其养成良好的生活习惯。

刚开始孩子或许会有抵触情绪，但我们可以启发、鼓励孩子。孩子受到鼓励，通过训练，主动性一般会明显增强。一些孩子甚至喜欢做些大人的事情，如擦地板、摘菜等。尽管他们可能无法完成，会搞得一塌糊涂，家长也不要一概拒绝。应协助、指导其尝试，给予必要的鼓励，让孩子体验成就感。即便孩子把事情做砸了，家长也不要随意批评孩子。“看看，我叫你不要做，非得做，逞什么能!”类似这样的语言会打击孩子的自信心。

有一点非常重要，年轻父母和老人意见要保持一致。当孩子向爷爷奶奶、姥爷姥姥求援时，老人千万不能心软，代替包办。如此不但无益孩子成长，还会导致孩子有事就寻找“保护伞”的习惯。

孩子面对不熟悉的环境和问题时，会产生困惑，不知所措，提供帮助是应该的；但是，帮助不是替代。孩子遇到困难时，家长可启发孩子，告诉他们应该怎么做。孩子能够独立完成，就让其独立完成；不能独立完成的，可协助其完成，不要代替。要让孩子在历练中健康成长。

第六章
“小霸王”是怎样养成的

老人对孩子百依百顺，轻易妥协，一味袒护，易使孩子养成任性的性格。这样的孩子以自我为中心，易成为不受欢迎的人。

“小霸王”是惯出来的

流流上学了，苦恼随之而来。同学们都对他敬而远之，不愿意和他一起玩。事情还得从一次玩足球说起，一次课间活动，流流和几名同学一起玩皮球，流流要控制球，同学不给。流流胖，追不上球，心里生气，将一位同学推倒。流流抓住球不放，气狠狠地说：“不带你们玩，我自己玩。”同学们不干了，气愤地说：“球是学校的，你凭什么霸占？”双方吵起来，险些动起手。老师知道后，批评了流流一顿。流流姥爷知道这件事后，就给流流买了一个新球，叫他带到学校玩。下课，流流抱着皮球，只叫奇奇和圆圆和他玩，不带其他同学。让流流没有想到的是，奇奇和圆圆也不和他玩，没有一个同学愿意和他玩，流流被孤立了。

流流回到家，痛哭流涕，说同学不和他玩。流流妈埋怨姥姥姥爷，“流流在家当‘小霸王’，到学校谁会买他的账，都是你们给惯的。”

流流姥姥姥爷不服气：“都是这样带孩子，怎么是我们惯的？”流流妈妈说：“孩子从小到大，要什么给什么，想干什么就干什么。叫你们上东从来不往西，就差没上天给他摘星星、摘月亮。”

“小霸王”们生活在自我为中心的世界中，任性、霸道，有时是为了满足某种物质要求，有时是为得到别人的注意、称赞和夸奖，得不到满足就哭闹。孩子这种毛病若得不到纠正，走向社会之后，往往不能与人和谐相处，不懂谦让包容，缺乏团结友爱精神，容易成为不受欢迎的人。应该引起家长的注意。

“小霸王”“小皇帝”是怎样炼成的？归结起来主要有一点：就是家长的宠溺，尤其是隔代育儿家庭孩子更为明显，主要体现在以下三个方面：

百依百顺。只要孩子有要求，不管是否合理，是否需要，是否对孩子成长有好处，一律答应。要什么给什么，想买什么就给买什么，有求必应。许多老人一生省吃俭用，舍不得吃、舍不得穿，可是在孩子身上毫不吝惜。在老人心中，花多少钱无所谓，只为让孩子高兴。

轻易妥协。孩子对付老人的法宝是一哭二闹。一旦要求没有达成，就会在老人面前撒娇哭闹，甚至以不吃饭、不写作业、不睡觉相威胁。一哭一闹，许多老人就会心软屈服，缴械投降，满足孩子的要求。在孩子面前如果没有原则、没有是非标准、没有底线，孩子一次得逞就会经常如法炮制，得寸进尺，越来越任性。

一味袒护。孩子做错事情家长如不加以批评教育，易使孩子没有是非观念，长此以往便会为所欲为。

为何不能与孩子说“不”

没有人愿意把孩子培养成为一个不受欢迎的“小霸王”，父母老人也想把孩子培养成讲文明、懂礼貌的好孩子，只是做起来有许多难言之隐。

牛牛的爷爷被大家称为“好爷爷”，牛牛的奶奶被大家称为“行奶奶”。因为他们在孙子牛牛面前，从来只一个字：“好”，或是“行”。

周末，牛牛不上幼儿园，在爷爷奶奶家住。爷爷奶奶非常高兴，要带孙子痛痛快快地玩两天。

祖孙三人来到玩具店，牛牛手指一辆玩具车要买。尽管牛牛的小汽车玩具已摆满了爷爷家一地，爷爷还是说：“好，咱们就买那车。”

牛牛手拿着小汽车，说：“爷爷，一台车太少了，我要三台。”

爷爷有些为难，问：“牛牛，一样的车要买三台，为什么呀？咱们可以买别的玩具。”

牛牛说：“不，我就想三台，我要排兵布阵。”

爷爷说：“你排兵布阵可以用不同的车，为什么非要三台一样的车？……”

爷爷没有说完，奶奶表态了：“行，咱们就买三台。”

服务员摇头说：“对不起，这个型号的车只有一台。小朋友，你选个别的车吧。”

牛牛摇头：“不嘛，我就要这个车。”牛牛落泪了。

奶奶见孙子落泪心疼了，哄牛牛：“别哭，好，咱就买三台。咱们换一家玩具店看看。”

爷爷对服务员说：“我孙子喜欢这款玩具，麻烦你到库里看看还有没有。”

服务员想了想说：“我和店长说一说，看看别的店有没有。如果有，可以给您调过来。”

其间，牛牛看中一个儿童投球架子，要买。奶奶与他商量：“牛牛，咱们家地方小，没有地方放，不买了吧？”

牛牛摇头，说：“不，我就要买。”

爷爷说：“好，咱们买。”

过了十几分钟，服务员又拿来两辆小汽车。牛牛高兴了。爷爷扛着球架，奶奶拎着三辆小汽车走出了玩具店。

出了玩具店，牛牛说：“奶奶，我渴，要吃冰淇淋。”

奶奶说：“行，奶奶给你买冰淇淋。”

牛牛吃完冰淇淋，又说：“我饿了，要吃比萨。”

奶奶说：“行，咱们吃比萨。可去哪里吃呢？”

牛牛说：“我知道前面有家店，妈妈带我去过。”

爷爷奶奶带牛牛来到比萨店，牛牛点了薯条、烤肉、冷饮。牛牛要什么，爷爷都说“好”，奶奶都说“行”。两人陪孙子大吃一顿，然后带牛牛回家。走到半路，牛牛难受地说：“爷爷奶奶，我肚子坏了，要上厕所。”

“孩子，你喝冷饮、吃冰淇淋，又是比萨、又是烤肉……好，行，咱们找卫生间。”爷爷奶奶四处张望，哪有卫生间呀？“牛牛，你再忍一会儿。”

牛牛说：“我憋不住了。”

牛牛之所以得寸进尺，步步升级，是因为牛牛的所有要求，在“好爷爷”和“行奶奶”那里从来没有遇到过障碍。如果“好爷爷”“行奶奶”能够果断地说“不”，孩子可能会不高兴、会哭闹，可他的要求就会到此为止。问题在于，很多老人见不得孩子不高兴，看不得孩子哭闹，这就纵容助长了孩子的坏习惯。

总是“心太软”

小钢这几天胃肠不太好，没上幼儿园，在奶奶家休息两天。奶奶带他在小区里玩，小钢见其他小朋友吃冰淇淋，要吃。奶奶劝他：“小钢，你这两天肚子不好，妈妈不让你吃凉东西。咱们不吃了，等你肚子好了再吃。”

小钢坚决地说：“不，我就要吃。”

奶奶说：“不行，你答应过妈妈就不能吃。”

小钢一屁股坐在地上，扯着嗓子大声嚎叫。

小钢爷爷走过来，抱起小钢，说：“小钢不哭，爷爷给你买冰淇淋。”

小钢顿时止住哭声，手抹眼泪说：“爷爷，我要个大的。”

爷爷说：“好，咱买个大的。”爷爷抱着小钢去买冰淇淋。

小区里的其他老人指着小钢爷爷说：“看看，这个爷爷心又软了。”

小钢奶奶生气地说：“这个老头子，是个两面派。叫我管，他来当好人。”

刘奶奶说：“你们两口子要一致，狠下心，不能孩子一哭一闹，就心软。这样不但改不了，还会越来越厉害。”

李姥姥对小钢奶奶说：“你没看见，你孙子一边哭，一边盯着你，观察你的态度。你一心软，他就得寸进尺；你要是态度坚决，他也会让步。”

刘爷爷笑着说：“你说得太对了，这孩子像弹簧，你强他就弱，你弱他就强。

别看孩子小，但他们很聪明。他们就像弹簧一样，你强他弱，你弱他强。老人管孩子，往往心太软，见不得孩子哭闹，架不住孩子软磨硬泡，更禁不住孩子撒娇相哄，心一软便“执法”不严，自食其言。有的老人一时高兴，主动放行，便不好再坚持了。

育儿建议

1. 不给孩子充当“保护伞”

流流姥姥姥爷与流流父母、学校老师几次交谈、沟通后意识到在孩子教育上的失误，与流流父母在思想上统一了想法，一起帮助流流改掉坏习惯。

流流放学，和爸爸妈妈来到姥姥家吃晚饭。吃完晚饭，流流将玩具汽车摆了出来，要与姥爷玩汽车大赛。妈妈上前阻止说：“流流，老师留作业了没有？”

流流说：“留了，不多，一会儿就能写完。”

妈妈说：“那好，你先把作业写完，然后再玩。”

流流说：“不，我先玩一会儿再写。”

妈妈坚定地说：“不行，必须先写作业。”

流流立即噘嘴，向姥爷救援：“姥爷，妈妈不让我玩。”

若在以前，姥爷会立刻说：“好好，听姥爷的，咱们先玩一会儿再写作业。”这次，姥爷没有袒护流流，而是说：“流流，听妈妈话，先写作业。”

流流见姥爷没有支持他，便哭着去找姥姥告状。

姥姥也没有妥协，和老伴一个态度，坚持让流流听妈妈话，先写作业。

流流哭了一阵子，见没有人支持他，只能按妈妈的要求去写作业。

这个例子给了我们两点启示：

第一，改掉孩子不良习惯的唯一办法就是要勇于对孩子说“不”。孩子在成长过程中，需要家长正确引导和教育，告诉其什么可以做，什么不能做。溺爱不是爱，是对孩子的坑害。饮食不合理，会使孩子养成偏饮偏食的不良饮食习惯，影响孩子的身体健康。孩子想要什么给什么，不仅铺张浪费，还会使孩子养成大手大脚、乱花钱的坏习惯。家长袒护孩子，实质上是纵容孩子，对孩子的健康成长产生很大的危害。

在这里有一个反面实例：一个小男孩酷爱打游戏，不爱学习，每天泡在游戏厅里。父母为了管教他，收缴了他的零花钱，并给其布置作业和家务活。孩子去找爷爷奶奶，爷爷奶奶心疼孙子，背着子女悄悄塞钱给孙子，出手帮孙子写作业、做家务。结果，由于爷爷奶奶的袒护，孩子的不良习惯非但没有改掉，反而更加严重。

孩子做错事，家长不但不指明反而袒护，孩子就无法分辨是非，不知道错在何处，就失去改正错误的机会。当孩子与别的小朋友发生矛盾时，有的老人不问青红皂白，一味指责别的小朋友，会让孩子错误地认为自己所做的一切都是对的，不需要承担任何后果。这导致孩子在与同龄人交往中自以为是，处处以自我为中心。长久以往，就会成为骄傲自满、自私自利的人。

第二，不娇惯孩子。有的老人认为孩子小，担心说多了说重了，孩子接受不了，对其幼小的心灵产生不利影响。等到长大了，懂道理了，自然就改过来了。殊不知，良好习惯是一点一点养成的。小时候不批评、不教育，等到长大时为时已晚。所以，为了孩子的健康成长，该说“不”时就说“不”。面对孩子的哭闹，打骂自然是不妥的，但心软妥协亦会前功尽弃，下次会更厉害。怎么办？方法，因人而异，答案不会唯一，只能因材施教。

2. 教育孩子口径要一致

在教育孩子上，家庭成员要统一口径，这一点非常重要。孩子的要求得不到满足，或犯了错误受到批评时，往往会寻求老人的保护和支持。这时，切不可过度干预子女对孩子的管教。一旦妥协，不仅孩子的不良习惯得不到及时纠正，还会助长孩子对父母的抵触情绪，养成当面一套、背后一套的毛病。

老人要努力维护子女在孩子面前的威信，帮助子女做好孩子的思想工作，不能充当孩子的“保护伞”。如此，孩子才会懂得规矩，懂得尊重父母。

第七章
孩子的不良习惯哪来的

家长的不良习惯如同传染源，会潜移默化地影响到孩子。若想改掉孩子的不良习惯首先家长，要以身作则，注意自己的一言一行，给孩子做个好榜样。

不良习惯是家长养成的

牛牛因为母乳不足，只能混合喂养。牛牛喝不惯奶粉，一见奶瓶就往妈妈怀里钻。牛牛妈想了个主意，让牛牛一边看电视，一边喝奶。这个办法很奏效，可牛牛从此养成一个不良习惯，必须一边看电视才吃饭，这让牛牛妈头疼不已。有一段时间牛牛妈要出差，就把牛牛送给奶奶照看。

奶奶爷爷都是有知识的老人，知道这样吃饭对消化不好，下决心改改孙子的不良习惯。两位老人给牛牛买了漂亮的儿童就餐桌椅和色彩鲜艳的餐具。牛牛用上漂亮的餐具吃饭，十分高兴，忘记了看电视。可没过两天，牛牛的新鲜感过去了，又闹着要看电视。奶奶爷爷没有怕牛牛哭闹、耍脾气，坚持吃饭时不能看电视。同时，奶奶费尽心思，每餐都变换花样。老人和孩子一起吃饭，边吃饭边讨论有关食品的有趣话题。一个月之后，牛牛妈出差回来，惊喜地发现牛牛的不良改掉了。

一边看电视一边吃饭对孩子健康发育很不利。孩子吃饭时心不在焉，易发生意外；食物未经充分咀嚼，肠胃容易造成消化不良。

不良习惯是宠出来的

一个因盗窃杀人被判处死刑的年轻囚犯，临刑前，提出要见妈妈最后一面。狱方经过再三考虑，同意了他的请求。会见室中，母子抱头痛哭。

审讯室里，罪犯讲述了妈妈误导其走上人生歧途的经历：在他三四岁时，一次，妈妈带他到邻居家玩。无意间看到地上有一枚五分钱硬币，于是就用小脚踩住，趁大人不注意捡起来揣到兜里。回家后他将硬币交给妈妈。妈妈没有让儿子送回去，反而夸他一句：好儿子！就是这一句话，断送了儿子。从此，他为取悦妈妈，将小偷小摸来的东西都说成“捡”来的，妈妈照收不误，直至其最终坠落为盗窃杀人犯。

孩子做错事家长要及时对其进行批评教育，讲清道理，防止类似事情反复发生。不能一笑了之，以为小孩子，不必大惊小怪，如此就会埋下隐患。试想，如果那个罪犯第一次拿人家东西时，母亲能及时予以制止，他的人生或将会重新改写。

别为宠溺寻找借口

铁蛋一进奶奶家，如同进入了自由王国，反了天了。他喜欢将玩具扔得到处都是，坐在地上玩。奶奶家三间房，全被他霸占，无论床上还是地上，到处都是玩具。爷爷奶奶苦笑着说：“鬼子又进村了。”爷爷奶奶跟在铁蛋屁股后面收拾，刚收拾完一个房间，又被他扔得乱七八糟。

铁蛋爸爸回来，见到这情景，十分生气，狠狠地批评了儿子一顿，要他将玩具收拾起来。铁蛋不愿意，躲在奶奶身后哭起来。奶奶说：“好了，好了，别哭了。你玩吧，一会儿奶奶收拾。”

铁蛋爸爸对母亲说：“妈，您这样惯孩子，他长大就会不懂得整理，工作、生活都不会安排好。”

奶奶不服气地说：“孩子这么小，他懂什么。你小时候不也这个样子，谁逼你了？现在工作、生活都乱七八糟？孩子这么小，还不明白那么多道理，等长大了就好了。没看见隔壁老张儿子，小时候有多浑，现在人家在部队当团长。”

铁蛋爸爸说：“妈，您这说法可不对，不用管了就是？”

奶奶说："我没有说不管，大一点再管。"

"那您说什么时候是算长大呢？"

老太太生气，说："我孙子，什么时候都不用管，一定比你有出息。"

由于有奶奶撑腰，铁蛋在爸爸面前装装样子，爸爸不在时仍然我行我素。很多老人像铁蛋奶奶一样，认为孩子小，树大自然直，孩子大了自然明白。很多人都有这样的误解，殊不知少小不养成良好的习惯，等到大了一切都迟了。

育儿建议

1. 给孩子做好个榜样

成人的一些不良习惯会潜移默化、有意无意地影响到孩子，继而成为孩子的习惯。

爱发脾气。如果家庭成员经常吵架、发脾气，对孩子不问青红皂白地横加指责，孩子就会效仿。把哭闹、喊叫当作获取需求、吸引成人注意的手段。长久下去，孩子会变得暴躁，不善于与人相处。

大手大脚。老人或父母对孩子出手大方，要什么给什么，会使孩子养成铺张浪费的不良习惯。孩子没有节制概念，不会精打细算，成人后就可能成为大手大脚的人。

爱吃零食。家长经常在孩子面前吃零食，经常给孩子买薯片、锅巴、饼干、饮料等各种零食，易使孩子养成离不开零食的习惯。易造成孩子食欲下降，偏食厌食，影响健康。

看电视太多。为使孩子安静下来，给自己腾出时间做别的事情，一些家长常常采取这种办法。看电视过多会影响孩子视力，特别是吃饭时看电视影响孩子肠胃消化。

不讲卫生，乱扔东西。家庭成员不讲卫生、不整洁，孩子在杂乱无章的环境中也无法养成讲秩序观念。成人乱抛脏物，孩子也会跟着学，将玩具、衣袜乱扔，甚至公共场所乱扔垃圾。

没有礼貌，说脏话。家长若以为孩子小，在其面前不注意言行随心所欲那就大错特错了，要知道孩子的模仿力是很强的。

不诚实，说谎话。孩子看见成人说谎，也会跟着效仿。

不遵守交通规则。孩子在成人带领下过马路，千万别存在侥幸心理，乱闯红灯，因为这不利于孩子形成规则意识。

没有时间观念，磨蹭。家长做事若拖拖拉拉，孩子也将无法形成良好的时间观念，从而养成磨蹭的不良习惯。

总之，孩子身上这样那样的不良习惯，家长应首先从自身查找原因。要改掉孩子的不良习惯，家长务必要以身作则，注意自己的一言一行。

2. 从小抓起，从小事抓起

孩子一旦说错话、做错事情，家长要及时正确加以教育指导，不要以为事小就放任自流，更不应支持赞赏孩子的不当行为。孩子有不当行为，家长要及时加以制止和纠正，否则就会有第二次第三次。如果再加以赞赏、夸奖，他们会乐此不疲。不良习惯一旦形成，就会成为顽疾，纠正将十分困难。

家长要在小事上注意自己的言行，面对孩子的各种状况，不可随心所欲地处置，否则会对孩子造成伤害。

3. 给孩子讲清道理

孩子善于模仿，会向我们提出各种各样的问题，如为什么过马路，遇到红灯我们要停下来？家长要明确地告诉孩子，闯红灯非常危险，我们要做一个遵守交通规则的好孩子。让孩子明确哪些是对的，哪些是错误，从而树立正确的是非观念。

第八章 孩子为什么会撒谎

生活在谎言环境中，不说谎是不可能的！所以，想让孩子不说谎，家长首先做到别说谎。

孩子说谎是心理发展过程中的常见现象

最近，张姥姥很头疼，外孙强强学会了撒谎。

前几天，张姥姥带强强在小区里和小朋友玩耍，强强将一位小朋友推倒，胳膊摔破了皮。可强强不承认，说是那位小朋友自己跌倒的。当时张姥姥正在接强强妈电话，没有注意当时的场面，听信强强的话，没有向人家道歉。对方家长不高兴，找来好几个人作证，令张姥姥很是尴尬。还有一次，强强不愿意吃她做的西红柿炒鸡蛋，就说在自己家吃这个菜吐了。张姥姥一听这话吓一跳，连忙重新做了一道菜。等强强吃完饭，张姥姥给女儿打电话，寻问这件事，女儿说孩子瞎编，根本没有这么一回事儿。

张姥姥觉得不能任由孩子这样发展下去，必须抓紧对孩子进行教育。于是，张姥姥找来一本书，给强强讲："从前，有个放羊娃，每天都去山上放羊。一天，他闲着无聊，想到一个能让自己开心的主意。他朝山下种田的农夫大声喊：'狼来了！狼来了！'农夫们听到孩子的喊声，以为孩子有危险，急忙拿着工具往山上跑。当农夫们气喘吁吁地赶到山上时，并没有发现狼的影子，就问放羊娃：'狼在哪里？'放羊娃哈哈大笑：'哈哈，真有意思，你们上当了！'农夫们知道被骗了，悻悻地走开。第二天，放羊娃故伎重演，又大喊：'狼来了，狼来了。'善良的农夫们担心放羊的孩子会有危险，又冲上来打狼，发现又被骗了。放羊娃笑出了眼泪，'哈哈，你们又上当了。'"

"哈哈哈哈……"张姥姥讲到这儿，强强也跟那个放羊娃一样，哈哈大笑，这令张姥姥很是不解。她说："强强，我还没有讲完，你接着往下听。过了几天，狼真的来了。恶狼闯进羊群，放羊娃害怕极了，拼命地喊：‘狼来了！狼来了！快救命呀！’农夫们听到喊声，以为他又在骗人，再也没有理睬。结果放羊娃和许多羊都被狼咬死了。”

听完故事，强强默不作声了。

孩子说谎，是幼儿心理发展过程中的常见现象。标志孩子长大了，有了想象力，学会与周围环境互动了。孩子们很聪明，面临难题时懂得开动脑筋，编造各种故事来化解困难。他们一般并不真正了解说谎有什么危害，很少出于恶意，只是一种应急反应。所以，家长不必大惊小怪、惊慌失措，把问题看得过于严重，更不能轻易将孩子说谎与其思想品质联系在一起。只是个别孩子经常说谎，从说谎中尝到甜头，养成习惯，就要引起家长的警觉，需认真加以纠正。

孩子撒谎除当作游戏外，还有以下原因：

第一，引人关注。孩子希望有人陪伴，不愿意被冷落。如果一家人都忙活别的事情，孩子觉得被冷落，便可能撒谎吸引家长注意。孩子见这招很有效，之后便会如法炮制。

第二，达到某种目的。孩子的某些要求和愿望无法实现，也会撒谎。如孩子想喝饮料，担心家长不给买，就会编造各种理由。

第三，通过撒谎逃避惩罚。如孩子打碎盘子，惊惶失措，很害怕。妈妈板着面孔责问他：“谁打碎的?”孩子可能会说：“不是我。”妈妈如追问：“不是你是谁?”孩子见爷爷在外屋，就可能会说：“是爷爷。”孩子之所为这样说，是因为把事往爷爷身上推，可以逃避惩罚。

第四，满足个人虚荣心。孩子在一起，经常会相互攀比，如比谁的玩具多，谁的玩具好玩。一个小孩子拿出一个玩具，另一个孩子如果没有，便可能会吹牛说："我家玩具比你的好，不信我明天拿来给你看。"孩子回家就可能催大人去到玩具店买。

第五，因内心恐惧而说谎。例如，害怕受到老师批评，遭到小朋友欺负等，而编造身体不适等谎言不去幼儿园。

说谎是大人教的

姥姥带瑶瑶逛商场，瑶瑶拿起一盒彩色糖果不松手，对姥姥说："姥姥，我要买糖。"

姥姥说："瑶瑶，妈妈不让你吃糖，怕把牙吃坏。咱不买糖，姥姥给你买点别的东西。"

瑶瑶摇头："不，我就要买。姥姥，再买最后一次好吗？"瑶瑶可怜巴巴地望着姥姥，将糖盒抱得更紧。眼泪扑簌扑簌向下掉。

姥姥看着孩子心疼，想了想，说："那好吧，咱们就买最后一次。这一盒糖得分着吃，不能一次吃光。妈妈如果问，你就说是姥姥上个月买的，剩下的几块。"

瑶瑶点头答应："嗯，我保证不告诉妈妈。"

晚上，瑶瑶妈妈下班回来，无意中发现了糖盒。打开一看，里面还剩下一块糖，心中已明白了大概。问瑶瑶："你又吃糖了？"

瑶瑶摇头，说："没有。"

妈妈拿出糖盒，问："这是什么？"

瑶瑶说："是姥姥上个月给我买的，就剩这一块，我没吃。"妈妈严肃地问："瑶瑶，跟我说实话，妈妈不责怪你。"

瑶瑶坦白："是姥姥今天在超市买的，她不让我跟您说。"

妈妈惊讶地问："这一盒糖你全都吃了？"

瑶瑶说："我没有全吃，还剩一块。"

妈妈十分生气。因为答应了瑶瑶，没有责怪她，进里屋给母亲打电话。

瑶瑶妈说："妈，不是说好不给瑶瑶吃糖，怎么还给她买？而且还让她撒谎。"

姥姥无奈地说："孩子又哭又闹，我也是没有办法。吃完糖我让她漱口了。没事，别大惊小怪的。"

瑶瑶妈说："什么叫大惊小怪，瑶瑶谎话越来越多，都是您教的。"

姥姥听女儿说这话生气了："我什么时候教孩子撒谎了？这么小的小孩子懂得什么撒谎不撒谎。你要是怕我把孩子教坏就自己带！"她赌气将电话挂掉了。

孩子爱撒谎，确实叫家长头疼。可是，仔细想一想，我们常常有意无意地教孩子撒谎。瑶瑶姥姥不让瑶瑶告诉妈妈买糖吃，实际上就是在教她撒谎。好在瑶瑶还没有养成习惯，因为妈妈时常告诫她要做诚实的孩子，不许撒谎。瑶瑶姥姥若不及时纠正，长久下去，孩子就会忘记妈妈的告诫，养成说谎的习惯。

老人有意无意地让孩子撒谎，源于对孩子的溺爱。他们见不得孩子哭闹，只要孩子高兴就好。还有一个原因，老人对孩子父母管教孩子的办法不认可。认为小题大做，又不好反驳，便采取"阳奉阴违"的办法。但不管出于何种原因，结果都事与愿违，受影响的总是孩子。

说谎是和大人学的

奇奇这段时间一直在爷爷奶奶家住，十分开心。这天放了学，爷爷奶奶带奇奇去餐馆吃饭，然后去游乐场，一直玩到晚上八点多钟才回家。奇奇玩得太累，没洗脸就睡着了。

第二天奇奇起床后，忽然想起，老师留的作业还没有做。奇奇哭丧着脸对爷爷说："完了！完了！爷爷，我忘记写作业了，这回非得挨老师批评不可。"

爷爷说："瞧你这孩子，有作业倒是早说。批评就批评，让你长点记性。"

奇奇流着眼泪，说："不想让老师批评，同学们会笑话我。我今天不上学了。"

爷爷也怪自己粗心，昨晚忘记提醒奇奇。爷爷想了一想，说："不上学可不行。这样吧，我和老师说，就说你昨晚肚子疼，爷爷没有让你写作业。这样老师就不会批评你了。"

奇奇这才和爷爷一起去学校。爷爷对老师撒谎了，老师果然没有批评奇奇。

一个月后，老师找到奇奇妈妈问："奇奇这孩子的毛病到医院看过没有？"

奇奇妈奇怪，不解地问："奇奇挺好的，他什么毛病？"

老师说："孩子的肚子呀。一个月前，他爷爷送他来学校说，奇奇晚上肚子疼，没有写作业。奇奇经常不写作业。我问他，他说一到晚上就肚子疼。我觉得奇怪，如果有问题千万不能耽误了。"

奇奇妈回到家，严肃地问奇奇究竟是怎么回事儿？原来，奇奇跟爷爷学会了撒谎，不想写作业就说肚子疼。

小孩子做错事情，知道会受到家长、老师的批评，甚至是打骂。为逃避责罚，就会寻找借口。奇奇爷爷为袒护奇奇，向老师说谎。奇奇如法炮制，连续撒了一个月的谎。显而易见，如果不及时加以制止，将愈加严重，最终可能会成为一个谎话连篇的孩子。

育儿建议

1. 家长以身作则

从上文事例中可以看出，孩子说谎或多或少都与成人有关。家长在有意无意地教孩子撒谎，孩子自觉或不自觉地跟成人学撒谎。甚至可以说，成人每天都在和孩子说谎，孩子每天都生活在谎言当中。举几个常见的例子，下面几个生活中场景我们一点都不会陌生。

孩子在外面玩疯了，晚上不想回家，家长便对孩子说："快回家，最近这个地方不太平，有坏人来偷孩子。"孩子听信了成人的谎话，便不再吵闹，乖乖地回家。

孩子磨磨蹭蹭，不想写作业，家长也许会假装到外边接个电话，回来对孩子说："老师来电话了，你如果不写完作业，明天就不要去学校。"孩子担心被幼儿园（学校）老师批评，便老老实实写作业。

孩子电视看久了，说他不听，没有办法，家长把电闸拉断。孩子问："怎么没有图像了？"家长回答，"停电了。"

孩子晚上不睡觉，家长对他说："听话，早点睡觉，明天给你买玩具。"孩子听信了家长的话，乖乖地躺下睡觉，第二天家长却把这件事忘了。

不想让孩子吃某些食物，会说，"这东西太辣。"孩子不吃青菜，我们会说，"不吃青菜的孩子脸上长痘痘。"

你也许没有说过这些话，但不等于没有说过类似的谎话。为哄孩子，每个家长都会或多或少地说过这样的谎言。有人会说，即便算作谎话，也是为孩子好，有益无害。诚然，成人某些善意的谎言的确有益无害。情急之下，无计可施，可用来化解难题。可很多人撒谎后却很少向孩子说明真相，有些谎言会对孩子造成很大危害。据杭州网2016年7月17日报道：7月12日晚，杭州萧山河庄派出所民警钟江正在值班，看见一个七八岁小女孩带着一个五六岁小男孩慌慌张张地从他身边跑过。他见孩子身边没有家长，便过去寻问："小朋友，你们家长呢？"小男孩正要开口，却被满眼泪水的小女孩制止。小女孩对弟弟说："妈妈说过，表现不好的小朋友要被警察叔叔抓走！"这让民警啼笑皆非。他耐心地哄了好一会儿才让孩子说出实情。原来两人是姐弟，和妈妈在附近广场玩，两人四处乱跑，和妈妈走散了。姐姐觉得自己犯了错误，想起妈妈说过，表现不好会被警察叔叔抓走，一看到民警把自己拦下就害怕了。民警安抚好两个孩子的情绪后，从姐姐那儿问来孩子母亲的手机号。十几分钟后，找到了孩子的母亲。

警方表示，类似的情况并不是个例，不少家长在教育孩子时往往把"警察叔叔来抓你"挂在嘴边。这样很容易让孩子对警察产生畏惧，失去求救机会。

孩子不好欺骗。当成人对孩子说谎的时候，个人的信任度在降低。一次两次，孩子会信以为真，之后一定会明白过来。到时这一招不奏效了，还得煞费苦心编造新的谎言。有杂志做过一项调查：84%的美国家长和98%的中国家长承认，为劝说孩子听话而向他们说过谎。几乎所有家长都认为，撒谎是一种不好的品质。

所以，当我们责怪孩子说谎时，作为孩子的父母，或爷爷奶奶、姥爷姥姥应首先扪心自问，自己是否时常撒谎？孩子撒谎是不是跟自己学的？如果有那就向孩子坦诚，自己做错了，同孩子一起改正。否则，自己撒谎，凭什么不让孩子撒谎？

当然成人之间有时会在不得已的情形下说些善意的谎言，这不可避免。但孩子太小，无法全面理解成人的用意。如有必要，应该避开孩子，不让孩子跟着学。

2. 宽容对待孩子的不良习惯

生活中，每当遇到孩子撒谎，我们总是很气愤。这么小，居然会撒谎，长大了可怎么办？每每这时，一些家长往往控制不了自己的情绪，声色俱厉地责问孩子：“为什么要撒谎？看我怎么收拾你。”有的家长甚至会大打出手。这样果真能改正孩子吗？错，企图通过戳穿孩子的谎言，教训一番，改掉孩子的不良习惯，这是个不现实的想法。英国心理学家基纳特说过：“撒谎是说真话遭到训斥的孩子在心理上解脱自己的避难所。”孩子因为做出成人认为不当的事情，害怕受到责罚，才编造谎言逃避惩罚。如果成人当孩子面威胁恐吓、毫不留情地戳穿他们的谎言，甚至动手，他们真的就无路可逃。其后果不外有二：一是孩子见谎言没有骗过家长，继续编造新的谎言来欺骗家长；二是破罐子破摔，从一个极端走向另一个极端。任凭家长责骂，仍我行我素。正确的办法是要宽容孩子。

宽容不是纵容，任其发展；而是采取亲和的态度、迂回的策略、用有效的方法改正孩子的不良习惯。

首先，不要急于责罚孩子。要弄清楚孩子为什么撒谎，为何目的。是想逃避惩罚、满足于个人虚荣心、内心恐惧还是感觉孤独？抑或是为引起家长的关注？搞清原因才好对症下药。可以发现，孩子有时撒谎，并非完全是孩子的错。我们没有理由一味地责备孩子，应改变对待孩子的态度，对孩子多一些关心和爱护。

其次，尊重孩子，密切亲子关系。尊重孩子的小隐私，营造和谐的家庭氛围。孩子做错事情，不应一味责备、批评，应心平气和地与孩子一起探讨为什么是错的，错在什么地方。只有孩子把我们当成朋友，才会把心里话说出来，不用谎言来隐瞒真相。反之，孩子就会对我们心存戒备，编造谎言。

最后，迂回方法有时更有效。孩子撒谎，家长急于戳穿谎言，让其当面认错，孩子就会有很大压力。不如给孩子一点时间，使其认识到自己的错误，主动改正错误。

3. 循循善诱、循序渐进地教育

要纠正孩子撒谎的毛病，必须让其认识到撒谎的害处。要让孩子明白，诚实是做人的基本准则。与人交往中，一定要做到坦诚相待，不可欺骗他人。因为谎言一旦被识破，就会失去对方的信任。

教育的办法和途径多种多样。家长可以通过讲故事、看动画片、读儿歌等方式，或利用身边的人和事对孩子进行教育。但要注意方法，不要把孩子与别人做比较，伤害孩子的自尊心。要善于表扬孩子的优点和长处，使孩子变得更加优秀。家长要有耐心，不可操之过急。不要对孩子提出过高的要求，期望孩子一天之内改正所有缺点。出现反复，这很正常。

第九章
许诺不是灵丹妙药

孩子言而无信，如果得不到及时有效纠正，长大后很可能会成为一个喜欢说大话、夸夸其谈、言而无信的人。

培养孩子成为一个诚实守信的人，是我们的最终目标。

孩子也要讲诚信

星期日，兵兵和姥爷姥姥去公园玩。兵兵带了许多玩具，有战车、坦克、小飞机、小汽车，士兵等。兵兵把它们全部展示出来，吸引了很多小朋友的注意。

兵兵是个懂事的孩子，无论是比他大还是比他小的孩子，他都很热情地说：“玩吧，玩吧，随便玩。”一个一岁多的小孩拿着玩具不撒手，大一点孩子往下抢。兵兵不让，说：“别抢，让小弟弟玩吧。”

大家都夸兵兵是个懂事的好孩子。

兵兵听到夸奖心里十分高兴，越发小大人似地指导起小伙伴们。兵兵对大家说：“大家好好玩，不许捣乱，一会儿我姥爷给你们发好吃的。”

兵兵姥爷和姥姥很惊讶，两人相互看了一眼，谁也没有说话。姥爷坐了一会儿，起身走进公园旁的超市。转眼工夫，他手拎满满一袋儿童食品回来，给小朋友们分发起来。

兵兵没有想到姥爷会给小朋友买这么多好吃的，他早把自己说过的话忘记了。他边吃东西边在姥爷耳边悄声问：“姥爷，你为什么要给小朋友买这么多吃的？”

姥爷说：“你不是说，大家好好玩，一会我姥爷给你们买好吃的吗？”

兵兵脸红了，说：“可是……”兵兵只是顺口随便这么一说，没有想到姥爷当真。

姥爷问兵兵：“可是什么，你是不是在骗小朋友？”

兵兵摇头。

姥爷又问："你是说大话了？"

兵兵又摇头，没有承认。说："可是，您买这么多东西，会不会破产呀？"

姥爷笑了，这话兵兵爸说过。兵兵要买东西的时候，爸爸就对他说："儿子，省着点吧，爸爸要破产了。"姥爷贴在兵兵耳边悄声说："以后你再向小朋友说这样的话，先跟姥爷商量一下，好不好？"

兵兵点头，说："那好吧。"

诚信是为人之本，是中华民族的传统美德，让孩子成为一个诚实守信的人，是我们的教育目标。兵兵的姥爷做得非常好，给孩子上了一堂生动的教育课。兵兵在小朋友面前夸下海口，要发给每人好吃的，可他没有想要兑现诺言。他只是为确立在小朋友心目中的领导地位，说说而已。作为家长，我们要有意识地逐步培养孩子的诚信意识。

成人不守信用，孩子跟着学

果果早晨赖在床上不起，不愿意去幼儿园。爷爷问他为什么，果果说和小胖一起玩闹，将小胖摔倒，挨了老师批评。爷爷问："小胖摔得怎么样，受伤没有？"果果说："没有，我也摔倒了呢。老师光批评我，没有批评他。"爷爷说："你有错老师当然批评你，为什么还找理由？快起床，不然就迟到了。"果果一拉被子，将头蒙住，说："不，我今天不去了。"爷爷无奈，想了想，说："快起床，晚上爷爷给你买航空母舰。"果果一听，兴奋地坐起来，问爷爷："航空母舰是什么样子？"爷爷答道："航空母舰可大了，里面可以放飞机、大炮还有小汽车。"果果一边自己穿衣服，一边说："爷爷说话要算数。"爷爷点头："你在幼儿园好好表现，爷爷说话算数。"

晚上，爷爷有事，奶奶到幼儿园接果果。果果问奶奶："爷爷呢，他给我买航空母舰没有？"奶奶说："爷爷有事，等我们到家他就回来了。"果果又问："爷爷给我买航空母舰没有？"奶奶不知道果果和爷爷的约定，含糊道："不知道，可能买了吧。"

果果跟奶奶回到家，爷爷也刚好回来，果果迫不及待地问爷爷："我的航空母舰呢？"

爷爷早把这件事忘到了九霄云外。早晨，他担心果果不去幼儿园，顺口一说，没想到果果当真了。爷爷只能将谎言继续下去，说："我今天去玩具店给你买航空母舰，服务员说今天没有货，明天才来。这样，明天爷爷带你去买。"

果果大失所望，长长叹口气："哎呀！还等明天，不行，咱们现在就去。"

爷爷劝他："爷爷不是说了嘛，明天才来货，现在去也没有用。我们吃完晚饭，睡一觉不就是明天了？爷爷答应的事儿一定办到。"果果见爷爷说得恳切，"那就再等一天吧"。

第二天，爷爷来幼儿园接果果，两人一起来到他们经常去的玩具店。服务员摇头说，他们这里从来没有卖过航空母舰模型。原来爷爷也没有见过，只是顺口说的。

果果听说没有航空母舰模型，知道被爷爷骗了，顿时哭了，抹着眼泪说："坏爷爷，你骗人。"

爷爷自言自语地说："昨天不是说今天有嘛，怎么就没有了呢？果果，咱们再到别的地方看看。"

服务员不知情况，说："我没有听说哪儿有卖航空母舰模型。小朋友，买一架飞机吧。"

果果摇头："不，我就要航空母舰。我不吃饭，不睡觉，明天不上幼儿园。”爷爷暗自叫苦，心说，这事麻烦了。

果果的爷爷没有履行对果果的承诺，说过后又忘记了。细细想一想，有多少家长不是这样，孩子不听话，讲道理讲不通，便有意无意地向孩子做出各种许诺。孩子信以为真，家长的目的达到了，却将承诺忘得一干二净，或压根儿没有想要兑现。可是，说过的话，孩子不会忘记。对孩子来说，家长一定是言必信，行必果，说到办到。一旦知道受骗，家长在他们心目中的地位便会急剧下降，并对家长的话产生怀疑。所以，果果生气地说，“爷爷不是一个好爷爷，是个坏爷爷。”试想，这会对果果产生什么样的影响？

许诺的代价

小虎妈妈出差了，小虎要在姥姥家住一周。放了学，姥姥接小虎回家。姥姥让小虎先写完作业再玩，小虎百般不情愿。本想到姥姥家宽松一些，没想一到家姥姥就逼他写作业。他不情愿地拿出作业本，看了一眼，唉声叹气：“这作业也太难了，我不会。”

姥姥心知小虎不是因为作业难，而是有意耍赖。可她一点办法也没有。姥姥想了想，说：“小虎，你刚上一年级，课程不能落到别的同学后面。好好写作业，写完之后姥姥奖励你一个棒棒糖。”

小虎一听这话，心知耍赖取得了成效，来了精神，高兴地说：“姥姥不许骗我。”

姥姥说：“你快写吧，我不骗你。”

小虎在棒棒糖的鼓舞下，很快就写完了作业，没有题是他不会的。

第二天，小虎故技重演，姥姥无奈，说：“好了，快写作业吧，写完我给你棒棒糖吃。”

小虎摇头，说：“一个棒棒糖不行，得两个棒棒糖。”

姥姥说：“两个棒棒糖可不行，那多甜呀，对牙齿不好。”

“那给我一个棒棒糖，一个雪糕。姥姥，您看这天有多热，我都出汗了。”

姥姥摸下小虎的头，说：“净瞎说，哪里出汗了？咱们先吃一个雪糕，写完作业再给你一个棒棒糖。”

“那好吧”。小虎打开冰箱要拿雪糕。姥姥拦住小虎，说：“你先去洗手，我给你拿。”

第三天放学，小虎对姥姥说：“姥姥，我要买玩具。”

姥姥说：“咱们家玩具一大堆，还买什么玩具？”

小虎说：“必须买玩具，不买我就不写作业。”

姥姥没有办法，说：“那就买一个小玩具。回家就没有棒棒糖、雪糕了。”

小虎噘嘴，说：“不行，都得有。”

姥姥生气地说：“你这孩子，得寸进尺。”

小虎坚决地说：“我就得寸进尺。”

姥姥心想：“孩子如果真的完不成作业，挨老师批评，他妈妈回来还得埋怨我。算了，就依着他吧。”

一天，姥姥对姥爷说：“小虎这孩子我是治不了了，今天由你负责吧。”

姥爷苦笑说：“我能有什么办法？要什么就给他买什么吧。再有两天他妈妈回来，咱们就撒手不管了。”

家长用许诺哄孩子不是好办法。孩子缺乏内在动力，不会主动学习。一旦停止刺激，没有奖励，孩子就会止步不前。欲望没有止境，孩子在同家长的“斗争”中学会了讲条件。要求越来越高，越来越多。结果只能像小虎和姥姥那样，孩子层层加码，家长步步退让。

育儿建议

1. 向曾子学习

曾子的妻子要到集市去，她的孩子哭闹着要跟她一起去。她不想带孩子，就哄孩子说：“好孩子，你乖乖地在家等我，我回来杀猪给你吃。”孩子信以为真，高高兴兴地在家里等妈妈回来。

曾子妻子从集市回来，见曾子正磨刀霍霍准备杀猪。急忙上前阻拦，说：“家里养这几头猪，都是逢年过节才杀，你怎么能拿我哄孩子的话当真?”

曾子严肃地说：“在小孩面前是不能撒谎的。他们年幼无知，要从父母处学习知识，听取教诲。如果我们现在欺骗他的话，等于在教他今后去欺骗别人。虽然做母亲的一时能哄得过孩子，但过后他知道受了骗，就不会再相信母亲的话。这样一来，你就很难再教育好自己的孩子了。”

曾子的妻子觉得丈夫的话说得很有道理，心悦诚服地帮助曾子杀猪。

这则故事告诉了我们一个道理：孩子如同一张白纸，洁白无瑕。他们模仿成人的言行，如果在孩子前面言而无信，孩子就会跟着学，慢慢地也会变得言而无信。正如曾子所说，孩子是要跟父母学习的，父母经常在孩子面前撒谎，就等于在教孩子欺骗别人。这样的结果是任何做父母的都不愿意看到的。

良好的家庭氛围对孩子好品格的形成至关重要。在家庭中，家长应意识到自己的言谈举止对孩子的影响，要与孩子以诚相待。我们要求孩子讲诚信，自己也一定言行一致。对孩子要言而有信，说到做到，办不到的事情就不要答应孩子。不能对孩子一个标准，对自己是另一个标准。只有家长自己恪守诚信，才有资格教育孩子讲诚信。

2. 从小培养孩子的契约精神

兵兵和一群小朋友玩得非常开心，临走时大家恋恋不舍。孩子们问兵兵："兵兵哥哥，明天你还来不来公园呀？如果你来，我们还跟你玩，我们家没有这么多玩具。"

孩子们家长也说："是呀，兵兵，明天是星期日，你还来不来公园？如果你来，我们也来。"

兵兵见这么多小朋友跟他玩，非常高兴，不加思索地说："来，来，明天我们还在这个地方玩。"

姥姥听到兵兵这样说，心知这孩子又犯老毛病说空话了。他明明知道明天有事还答应小朋友，说话前不动脑子。就对兵兵说："兵兵，你忘记了。我们已经商量好，明天要去奶奶家，不能来公园玩。如果小朋友们都来了，看见你没有来，大家有多失望呀。"

兵兵一拍小脑瓜，后悔地说："嗨，我把这事忘了。那怎么办呀？"

姥爷接话说："哪我们就和小朋友定下个星期六，好不好？"

兵兵点头，对小朋友们说："我们下个星期六，还在这里集合。不见不散，好不好？"

小朋友们异口同声地说道："好。"

契约，简单地说就是约定，生活中无处不在。契约精神是人们进行人际交往时应遵循的原则。很多时候，我们为取悦孩子，任其为所欲为，想干什么就干什么，想怎么样就怎么样。长期下去，对培养孩子的契约精神非常不利。培养孩子契约精神，就是要让孩子言必信，行必果。当孩子还小时，很难懂得这些道理。作为家长，要把契约教育贯穿到生活的方方面面，从一点一滴做起。

兵兵与小朋友约定一起到公园玩，兵兵的姥姥提醒他慎重考虑。办得到就答应，办不到就不要随意答应，这就是在培养孩子的契约精神。不要失信于人，让孩子做到守信、守时。让孩子明白，与人有约，不能失信于人，这是最起码的尊重。

家长与孩子做游戏，不要为了取悦孩子，只赢不输。要让孩子明白，游戏有输有赢。

生活中，家长与孩子订立规则，要督促孩子自觉遵守。例如，饭前便后洗手，到时间睡觉，早晚认真刷牙，按时去幼儿园，借人东西要归还等，家长要监督孩子认真做到。家长如果不认真督促孩子，孩子会以为做与不做都可以，失去契约的严肃性，孩子就容易失去自觉性。要根据孩子的表现给予适当的奖励或惩罚。适当的奖励可以激励孩子遵守规则，惩罚则让孩子知道不遵守规则的后果。

第十章
孩子没礼貌是家长宠的

太宠孩子，容易使孩子成为“小霸王”。不懂得谦让，不懂得礼貌待人，不懂得团结互助。

受宠的孩子没礼貌

星期天，杨丽参加同学聚会，大家都带孩子参加。孩子都被打扮得很帅气、漂亮。

同学邱艳给儿子皮皮带了一些玩具，让皮皮跟其他小朋友一起玩。可皮皮却拿住玩具不撒手。邱艳有些不好意思，劝儿子：“皮皮，妈妈给你带这么多玩具，就是让你和小朋友一起玩。一个人玩多没有意思呀。”

皮皮摇头说：“不，我不和他们玩。他们都是笨蛋，不会玩，我自己玩。”

孩子们听到皮皮说这话不高兴了，指责皮皮：“你说谁笨蛋？你才是笨蛋。这么大了还玩这种玩具，我们不稀罕。”

杨丽的儿子球球从包里掏出几个精致的小汽车，一个一个摆在地上。漂亮的小汽车把小朋友们都吸引过去。球球很大方，对大家说：“玩吧，玩吧，我就是带给你们玩的，大家随便玩。”

皮皮家里没有这样的汽车，他放下玩具，去抢小汽车。别的孩子不让，大家吵起来。球球把手中的汽车递给皮皮，调解道：“皮皮，我这还有一个新车，给你玩。皮皮接过球球手中的玩具才安静下来。”

妈妈们让每个孩子表演一个节目。球球表演时，皮皮抢前要表演，球球大度地让开。等到所有小朋友都表演完，球球最后表演。

就餐时，邱艳问杨丽：“杨丽，同样都是老人带孩子，你说说，你家老人用什么办法教育孩子的，球球这么懂事？”

其他同学也插言：“是呀，是呀，杨丽你快介绍一下经验，你家公公婆婆是怎么带孩子的?”

杨丽心里美滋滋的。她说:“其实,我公公婆婆的经验我最清楚,他们不像很多老人那样宠孩子,总教育球球要尊重小朋友,大家要平等相待。球球与小朋友发生矛盾,从不护着球球。所以,球球很小就懂得谦让。”

“这只是其一,其二是球球爷爷奶奶自身也做得很好,很重视言传身教。日常生活中从不说粗话,看到懂礼貌的小朋友,引导球球向人家学习。”

杨丽笑着说:“我这一总结,球球爷爷奶奶的经验还真不少。”

老人太宠孩子,容易使孩子成为“小霸王”。这样的孩子以自我为中心,不懂得谦让,不懂得礼貌待人。在他们心目中,没有规矩——我的东西是我的,别人的东西也是我的,不懂得与人谦让、团结互助。但这不能只埋怨孩子,问题还在于家长。有的家长非但不引导孩子,还起相反作用,把孩子宠坏。

孩子的脏话从哪儿学的

爷爷带雷雷到社区乒乓球室看老友们打乒乓球。张爷爷和李爷爷打得很激烈,张爷爷一板板地扣杀,李爷爷总能将球救起。张爷爷使尽全身力量,每扣一板总要说一个脏字,谁也没有在意,却被雷雷学到了。

雷雷晚上回到家,和妈妈一起玩。玩到高兴处,就把白天学到的脏字吐了出来。雷雷妈妈十分惊讶,我的天呀,从哪学的脏话?妈妈板着面孔问雷雷:“雷雷,你这话从哪里学的?”雷雷已经记不得从哪里学的,摇了摇头,说:“不知道。”妈妈说:“雷雷,这话不好听,以后不要再说了,记住了吗?”雷雷说:“记住了。”雷雷说完就跑，一边跑，一边又把那句脏话吐了出来。

许多东西并非是成人刻意教给孩子的，但孩子有很强的模仿能力，成人的一言一行，他们都会照样模仿。正如雷雷，谁也没有教他说脏话，但他听成人说，跟着模仿就会了。其实，很多时候孩子并不知道脏话的真正含意，只是跟着成人说。

让我们再看一个幼儿园里发生的事：天天和豆豆是好朋友，两人常在一起玩，也常一起斗嘴。这天，不知什么事说到刘老师，天天说："我爷爷是校长，我回家告诉爷爷，叫我爷爷收拾刘老师。"豆豆说："我爸爸是警察，叫我爸爸来收拾刘老师。"恰巧被刘老师听到，刘老师很生气，心说：这俩孩子说这样的话，是不是家长对我有什么意见，被孩子听到了？便对俩孩子说："今天放学你俩都别走，把你们爷爷和爸爸叫来，看他们怎么收拾我。"俩孩子不知道害怕，还嘿嘿地笑。刘老师忽然意识到，孩子并不真正懂"收拾"这个词的真正含意。

心理学家认为，孩子模仿成人说脏话并不奇怪。这不过是孩子学习语言的一种方式。在一定阶段，孩子喜欢用这样的词语来表达情绪，并非如我们所想象的侮辱或谩骂别人。但是，如果得到家长许可，甚至赏识，孩子受到鼓励，便会乐此不疲，进而养成一种习惯，成为有意识的行为。

孩子常见的不礼貌行为

孩子常见的不礼貌行为主要有：

不懂得与人交往，礼貌待人。见到客人不打招呼，客人问话不回答。随意打断别人说话，对别人吐口水、伸舌头。

与小朋友一起不懂得谦让，随意抢其他小朋友玩具，甚至打人、骂人。不遵守游戏规则，只准赢，不能输。

说脏话，公共场所大喊大叫，在公共座位上跳来跳去，搅得众人不安。

到别人家做客，乱翻东西。吃饭时不安静，乱拨饭菜，乱敲碗盘。

乱扔垃圾，随意插队，随地大小便……

有人会说，没什么大惊小怪的。孩子不懂礼貌是因为他们还小，等他们长大，明白事理，自然就会改过来。其实也不尽然，小时候家长没有给予良好教育，或者家长自身就是这个样子，孩子就很难养成好的习惯。

育儿建议

1. 教育孩子尊重他人

北宋大学问家杨时，小时候非常聪颖，善于写文章。年纪稍大一点，专心研究经史书籍。四十多岁时，学问已经相当高了。但他仍谦虚谨慎，不骄不躁，尊师敬友，深得老师程颐的喜爱，被老师程颐视为得意门生，得其真传。

一次，他与好友游酢一起去向老师程颐求教，凑巧赶上程颐在屋中打盹。杨时便劝告游酢不要惊醒老师，等老师睡醒之后再进屋。于是，两人便静立门口，等候老师醒来。一会儿，下起了鹅毛大雪，杨时和游酢还立在雪中。游酢冻得受不了时，几次想叫醒程颐，都被杨时拦住。程颐一觉醒来，才发现门外的两个“雪人”。

“程门立雪”的故事流传了几千年，是尊师重教的典范。这个故事告诉我们一个道理，要尊重老师，尊重同学，尊重与你打交道的人。只有尊重别人，才能得到别人尊重。现在，一些孩子在家里是“小公主”“小皇帝”。他们饭来张嘴，衣来伸手，习惯于指挥别人，习惯于从“利我”的角度考虑来看待问题，不懂得替别人考虑，不懂得尊重别人。可是，孩子并非天生不讲礼貌、不尊重人，这是缺乏家庭教育的表现。什么样的家庭培养出什么样的孩子，要使孩子讲文明、懂礼貌，家长就要加强对孩子的教育，让其懂得与人和谐相处，这将使孩子受用一生。

2. 给孩子立规矩

归纳总结孩子的不文明行为，可以发现有些是因为孩子不懂规矩。孩子心中没有规矩意识，怨不得孩子，是家长没有教给孩子。比如，孩子见到客人不打招呼，客人与孩子说话，孩子爱答不理。作为家长要适时告诉孩子，教他们如何礼貌待客，不应一味责备孩子。

3. 不迁就孩子

一些孩子的不礼貌行为是家长过于迁就孩子造成的。如吃饭时不安静，拨弄盘里的菜，乱敲碗盘，等等。家长应适时告诉孩子，吃饭时应该怎么做，哪些行为是不文明的等。与其他小朋友一起玩，抢东西，动手打骂人等，家长都要立即制止，不可袒护。家长纵容一次，孩子就会有第二次第三次。

4. 给孩子做好榜样

孩子很多不礼貌行为是受家长的影响。一些家长经常在孩子面前随意说脏话，乱扔垃圾，孩子就会效仿。家长不守规矩，随意插队，过马路不看信号灯，孩子自然没有规矩意识。

家长是孩子的第一任教师，孩子每走一步，都需要家长的精心引导和教育。孩子像小树，需要精心浇灌、剪枝，如此小树才能成材。信奉“树大自然直”，只会耽误孩子。

5. 尊重孩子

我们要求孩子讲文明、讲礼貌，尊重他人，但却不够尊重孩子。日常生活中，孩子说什么事情，家长常爱答不理，似听非听，甚至不耐烦，随意打断孩子的话。家长对待孩子这个态度，怎么能要求孩子认真倾听家长的话？孩子与小朋友玩得正高兴，家长上去就把孩子训一顿，甚至动粗，让孩子当众出丑。孩子的自尊心受到伤害，得不到尊重，就很难让他尊重别人。从这个角度上来讲，尊重孩子，也是尊重我们自己。

老人要改变居高临下、不拿孩子当回事、指挥一切的思想。尊重孩子，把孩子当成平等的家庭成员，认真倾听孩子的想法和意见。孩子受到尊重，才会更加尊重你，按你的意见去做。老人要控制好自己的情绪，不能高兴时忘乎所以，孩子做什么事都是对的；生气时孩子所有的优点都变成缺点。动辄训责，甚至打骂，只会导致自己威信扫地。

第十一章
不干不净孩子生病

科学证明，许多疾病的发生都与饮食不洁净有关。尤其是孩子，抵抗力弱，不注意饮食卫生，吃了不干净的食物就有可能会患病。“不干不净，吃了没病”，切不要信以为真。

讲卫生不是小题大做

小米参加同学聚会聊起老人带孩子这个话题。同学小何说："我不愿意让公婆带孩子，是因为他们不讲卫生。孩子的玩具，不管质量如何，见到就买；有些玩具材料不环保，会对孩子身体产生不良影响。孩子玩完后也不洗手，抓到东西就吃。还有，他们总是给孩子买些乱七八糟的小食品，有的甚至没有标识生产厂家、保质期，怎能叫人放心。有一回，我家宝拉肚子，我怀疑就是吃了不洁净东西，我说出来反而弄得大家都不高兴。"

小何问小米："你对公婆有想法，是不是他们也不讲卫生？"

小米答道："这你可说错了，我家公婆在这方面做得比我们还好，他们可讲卫生了。房间被打扫得干干净净，那叫一尘不染。我家妙妙衣服总是很干净。孩子饭前便后、玩完玩具就要洗手，从不马虎。吃的方面他们也很注意，这不能吃，那不能吃，比我们管得还厉害。有一回，我嘴馋，买了一碗凉拌粉。想给孩子尝一口，叫婆婆狠狠数落了一顿，给我弄个大红脸。有时我都怀疑他们做得是不是有些过分。"

小丽叫道："那你还有什么不满意？让我说，你就是身在福中不知福。"

小米辩解说："我不是身在福中不知福，我是说他们太宠孩子。"

曲曲摆手叫大家安静，一本正经地说："我跟你们说个事儿，大家可一定要注意。我家前前，还不到五岁，两颗牙坏掉了。医生问我：'你们家孩子是不是经常喝饮料？'我想了想，真是，我爸总给孩子买那种碳酸饮料，小孩子常喝这种东西危害太大了。"

大家说："是呀，是呀，那东西可不能给小孩子喝。曲曲，你得跟你爸妈好好说一说。”

小麦说：“我看，孩子的卫生和食品安全是大事儿，不能掉以轻心，要经常跟老人沟通。”

孩子吃得是不是卫生，生活环境是不是干净清洁，许多家庭矛盾由此产生。子女埋怨老人不注意卫生；老人埋怨子女小题大做，讲究太多。双方各执一词，严重影响家庭和睦。

客观地说，孩子卫生状况与孩子的健康成长密切相关，不可小视。老年人由于多年形成的生活习惯，可能在卫生方面做得有所欠缺。老人应该注意改进，并理解子女这方面的担忧和顾虑。

不干不净，吃了得病

晶晶得了急性肠胃炎，爸爸妈妈带她到医院输液。爸爸看着晶晶，妈妈一旁上网查看晶晶发病的原因。网上说：急性肠胃炎发病的因素，有细菌和毒素感染，吃了被污染的家禽、家畜、鱼肉，或污染的剩菜、剩饭等易诱发此病……晶晶还不到三岁，晶晶手背血管非常细，两个护士都没有找到，要给孩子在头上扎。晶晶妈没有同意，最后她把护士长找来才给扎上。没想到护士长是她中学同学。护士长问：“孩子吃了什么不洁净东西？”这句话对她触动很大。晶晶一直由爷爷奶奶带，头两天听说晶晶爷爷拉肚子，这回轮到了晶晶。爷爷奶奶对卫生很不讲究，孩子和大人在一个盘子里搅着吃。那天，晶晶把一块面包掉地上了，奶奶捡起来，吹了吹又塞到孩子手里。她急忙说：“妈，掉在地上的东西就别要了。”婆婆见她这样说，一把将晶晶手里的面包夺下来，塞进自己口中，说：“没事，没事，不干不净，吃了没病。”晶晶妈心想：如果我不在，面包可能就被晶晶吃下去了。晶晶这孩子，跟着爷爷奶奶也不讲卫生，食物掉到沙发上，甚至地上，捡起来就往嘴里放。

晶晶妈担心公公婆婆有想法，不好意思深说，可这样下去怎么能行。晶晶妈心想：不行，我就请几个月的假，等到晶晶上幼儿园再上班。

这时，晶晶爸手机响了，晶晶爸接完手机，对晶晶妈说：“一会儿晶晶爷爷奶奶要过来看晶晶。”晶晶妈看了眼手表，说：“都晚上八点了，太晚了吧，就别让老人过来了。”晶晶爸说：“他们在家也不放心晶晶。老人过来，正好让医生给上上课。”

晶晶妈觉得丈夫这个主意不错。护士长正好值夜班，一会儿对她说说。请她跟老人讲讲这方面的知识，批批他们那“不干不净，吃了没病”的观念。

科学证明，许多疾病的发生都与饮食不洁净有关，尤其是孩子。抵抗力弱，不注意饮食卫生，吃了不干净的食物有会患病，如寄生虫病，消化道传染病，皮肤真菌感染，龋齿等，严重影响健康。“不干不净，吃了没病”说法不能信，是一些人不讲究卫生的托词。病从口入，讲究卫生，预防疾病，是每一个育儿老人必须遵循的基本健康准则。老人带孩子务必把食品卫生放在第一位，饭前便后给孩子洗手，不给孩子吃剩饭、剩菜，不吃来路不明、质量不达标和过期的食品。孩子的餐具要经常消毒，把好病从口入这一关。

成人不讲卫生影响孩子

蛋蛋得了小儿肺炎住进了医院，用上药后症状很快就得到了缓解。这天，医生来查房，一边翻看蛋蛋的病志，一边对蛋蛋的爷爷奶奶说：“孩子好得很快，再过两天就可以出院。不过，有个情况还要问一下家长，孩子最近有没有食欲不振、呕吐和肚子疼?”

奶奶摇头，说：“没有，孩子胃口一向很好。医生，你为什么问这个问题?”

医生说：“入院时我们对孩子身体进行了全面检查，孩子幽门螺杆菌呈阳性。”

奶奶爷爷不懂，问道：“医生，你给我们解释一下，幽门螺杆菌呈阳性是什么意思?”

医生说：“也就是说，孩子被幽门螺杆菌感染了。胃幽门螺杆菌可以引起胃炎，消化道溃疡等。不过，这孩子目前没有什么症状，又太小。可以先不去管它，如果有症状出现要及时到医院来。”

爷爷奶奶听了这话，很奇怪，问医生：“孩子才三岁多，怎么能感染这种菌呢?”

医生解释说：“儿童幽门螺杆菌感染与家庭居住条件、个人生活习惯还有家庭成员幽门螺杆菌感染情况等相关因素有关。”

爷爷追问：“你是说，孩子是被成人传染的?”

医生点头，说：“饮食不洁，不注意个人卫生，还有如果家长感染了幽门螺杆菌，通过喂食孩子，也会使孩子感染上这个病菌。成人体检时最好检查一下是否感染了幽门螺杆菌，如果胃部不适要抓紧治疗。”

医生走后，奶奶对爷爷说：“蛋蛋从小一直住在我们这，会不会是咱俩给传染上的?”

爷爷说：“给蛋蛋喂饭主要是你的事，你先查查吧。”

奶奶第二天到医院检查，结果让奶奶十分震惊，果然被说中了，奶奶的幽门螺杆菌呈阳性。想起自己喂孩子的那些不良习惯，蛋蛋奶奶非常后悔。

家长日常生活中一些不良卫生习惯会对孩子造成影响。例如，和孩子一个盘中吃饭，用孩子的筷子和勺子品尝、试饭菜冷热。更有甚者，一些老人把咀嚼后食物喂给孩子，很容易把病菌传染给孩子。而成人口腔里有许多细菌、真菌，这些微生物也许不会对成年人造成影响，但往往会使抵抗力相对较弱的孩子生病。

育儿建议

1. 讲卫生从家长做起

家长的一些不良卫生习惯会被孩子模仿。对于掉到桌上的一些食物，一些老人觉得扔掉可惜，往往会拾起来吃了，孩子看见就会效仿。孩子以为，既然大人能吃，他们也能吃。殊不知，成人抵抗力强，吃了可能没有事，孩子却极有可能生病。

喂食要避免用嘴接触孩子的餐具或食物。可以准备两把勺子，可用单独的勺子品尝，再用另外一把勺子喂小孩。

孩子父母和老人都要学习和接受新的卫生防疫知识。子女应该多向老人宣讲卫生防疫知识，沟通交流健康卫生的做法和经验，弥补老人在这方面的欠缺和不足，共同为孩子的健康成长努力。

2. 让孩子养成讲卫生的好习惯

飞飞的姥姥生病了，带不了飞飞，爸爸便把飞飞送到奶奶家。奶奶爷爷在另外一座城市，刚刚办完退休，有时间和精力照顾飞飞。

飞飞姥姥是个大大咧咧的人，对卫生不太讲究，飞飞自然养成了不讲卫生的习惯。飞飞到了奶奶家还是老样子，奶奶下决心改掉他的不良习惯。

飞飞任性，跟奶奶对着干，叫他往东他偏向西，叫他洗手他偏不洗。奶奶想出一个办法，到了吃饭的时间，奶奶叫上爷爷："现在要吃饭了，谁不洗手谁不是好孩子。大家站队洗手，看谁是第一名？"

爷爷和飞飞都把手举起来。奶奶说："好，飞飞是第一名，爷爷是第二名。"飞飞听了奶奶的话，高兴地洗手，说："我第一。"

晚上睡觉时，奶奶要给飞飞洗脚，飞飞不洗。奶奶说："飞飞，白天我给你讲那个不讲卫生的孩子怎么了？"飞飞想了想，说："那孩子总不洗脚，脚上生病，不能走路。"飞飞看了爷爷一眼，说："爷爷还没有洗脚呢，爷爷您过来洗脚。"爷爷马上应道："我打水，咱们一起洗脚。"

奶奶还想了一个办法，在客厅的墙上贴一张图表，写上飞飞、奶奶和爷爷的名字。谁每天卫生做得好，就在上面贴一朵小红花，一周评比一次。每周都是飞飞第一，奶奶第二，爷爷第三。

飞飞到奶奶家一个月的时候，爸爸妈妈来看飞飞。爸爸妈妈看到飞飞变成了一个干净、帅气的孩子，非常高兴。吃饭前，飞飞当起卫生检查员，督促爸爸妈妈洗手，不洗手就不许吃饭。

好的卫生习惯对于孩子至关重要，可以保障孩子健康成长。教育家陈鹤琴说："人类的动作十分之八九是习惯，而这种习惯又大部分是在幼年养成的。所以孩子在幼年时代，应当特别注意好的卫生习惯的养成。习惯养得好，终身受福；习惯养得不好，终身受累。"

养成良好的卫生习惯至少做到以下几点：①个人清洁卫生习惯。

饭前便后洗手，勤剪指甲，勤洗澡，衣帽干净整洁等。②饮食习惯。不喝生水，不吃不洁食物，不偏食，不挑食，不暴饮暴食，水果要洗净再吃。③环境卫生习惯。不随地吐痰，不乱扔脏物，经常打扫卫生，保持室内空气清新，物放有序，玩具定期清理、擦洗和消毒等。家长要根据孩子的年龄和智力发展状况，不失时机地帮助孩子养成这些好习惯。

通过讲故事、阅读图书、看动画片等寓教于乐的形式，加强孩子卫生知识方面的学习和教育，让孩子在生动易学的教育活动中增长知识，做一个讲究卫生的好孩子。

家长应以身作则，给孩子做出榜样。要求孩子做到的事情，家人首先要做好。比如，饭前便后洗手，家长这样做了，孩子才能跟着学。家长如果做不到，就很难说服孩子。

好的卫生习惯，要让孩子在实践活动中养成。家长若凡事大包大揽，孩子就会有依赖性。孩子不会做，或者没有积极性，家长要带动孩子一起做，一边做一边给孩子讲解。要不厌其烦，不能时断时续。一旦习惯养成了，孩子就会主动来做。

3. 搞好环境卫生

环境卫生对孩子健康也很重要。家长若不注意家里的整洁卫生，孩子就会跟着学，自然无法养成良好的卫生习惯。

第十二章 揠苗助长使不得

欲速则不达，让孩子过早地参加兴趣班学习无异于揠苗助长。

孩子要全面发展，不能为突出某一方面而废弃其他。

欲速则不达

古时，宋国一农夫，种了一片禾苗。他每天跑到田里去看。一连几天不见禾苗长高，心中非常着急。一天，他突然想到一个好办法。他跑进田里，将禾苗一棵一棵地往上拔。傍晚，农夫拔完一大片地里的禾苗。他回首望望，禾苗果真比原来高出一大截。虽累得筋疲力尽，但心里却非常高兴。回到家里，他得意扬扬地将这件事告诉妻子。妻子不相信，到田里去看，结果发现禾苗已全部枯死。

故事形象地告诉了我们欲速则不达的道理。任何事物都有其自身的发展规律。违背科学规律，只会导致背道而驰的结果。

望子成龙，盼女成凤，是每位家长的殷切心愿。一些老人在“孩子不能输在起跑线上”思想的驱使下，或是督促孩子父母，或是亲自出马，给孩子报各种早教兴趣班。不辞劳累，结果往往与主观意愿背道而驰。孩子如同禾苗一样，凡事都有其自身成长规律。硬让孩子做超出自身能力范围的事情，结果只能是揠苗助长，欲速则不达。

报培训班并非越早越好

小刚爷爷是个体育爱好者，他想把小刚培养成一名运动健将。可小刚长得很瘦弱，胆子又小，所以，爷爷更想找机会锻炼锻炼他。

一天，爷爷带小刚到游乐场玩，有人发给他一张隔壁跆拳道馆的招生宣传。爷爷心说：跆拳道不错，不但可以锻炼他的胆量，还可以增强体质。于是就去报了名，带小刚来跆拳道馆训练。

小刚穿上训练服，看大点孩子瞪着眼睛，“呀呀”地喊叫，吓得他趴在地板上大哭，不起来。爷爷不高兴，心说：这孩子胆子这么小，怎么能行。便把小刚抱出来，给他买了一支冰淇淋，哄半天，又带他进入跆拳道馆。小刚勉强熬到下课，什么也没有听进去。

小刚一连几天，睡着就被噩梦惊醒。小刚爸爸不知怎么回事，就给父亲打电话。爷爷说起去跆拳道馆训练的事儿，小刚爸爸很不高兴。从此，小刚再也不去游乐场玩了。

小刚太小，还不适合学习跆拳道，结果受到惊吓，睡不好觉，常常做噩梦。孩子进行不适宜的训练，危害很大。不仅会给他们带来沉重的心理负担，还会对其身体造成伤害。

捡了芝麻，丢了西瓜

芳芳的姥爷是个书法爱好者，希望外孙女芳芳长大后能够写一手好字。在芳芳还不到四岁的时候，姥爷便给她找了一个书法班。可班里没有芳芳这么小的孩子，姥爷只好在家里教芳芳。

姥爷每天早早把芳芳从幼儿园接回家，不许她出去玩，教她学书法。芳芳不愿意学，姥爷就给她讲古人苦练书法的故事。芳芳对这些故事似懂非懂。听到楼下孩子玩耍的声音，就想下楼。姥爷不准，向她许愿，练完书法有奖励，芳芳只得耐着性子练下去。

星期天，小区里五个孩子到公园玩，五个孩子一起唱歌、跳舞、做游戏。芳芳姥姥暗中发现，芳芳除书法比别的孩子好外，其他方面，如语言表达、算数、运动等都不及那几个孩子。她悄悄对老伴说："老头子，这五个孩子在一起，你没有看出什么问题来吗？我看你的观念得改一改，别捡了芝麻，丢了西瓜。只知道教孩子书法，耽误了孩子的其他方面。"

芳芳姥爷也认识到了自己的失误。孩子需要全面发展，不能顾此失彼。

芳芳姥爷姥姥及时调整思路，暂停教孩子学习书法。幼儿园放学后就让芳芳和小朋友们唱歌、跳舞、做游戏，经常带她去少年宫、公园、动物园游玩，参加少儿游艺活动。芳芳每天都非常快活，家里充满了欢歌笑语。没过多久，芳芳各方面很快赶超了同龄孩子。

孩子要均衡、全面地发展，不能为某一方面而废弃其他。特别是幼儿阶段，孩子身心发育还不够完善。此时，突出某一方面的教育和训练，必然会忽视和影响其他方面的发展，甚至会影响孩子身心的健康发展。如此只会因小失大，得不偿失。专家指出，孩子在幼儿时期，神经抑制机能还很差，过早要求孩子练书法，不仅会让孩子感到力不从心，还会提高罹患近视的风险。

逼出来的孩子难成才

娇娇姥姥给娇娇报了个音乐班，娇娇只听了两堂课就再也不愿去了。姥姥不死心，她相信，孩子能不能成才，关键在于家长。孩子和成人一样，天生都有懒惰的一面，得给些压力才行。过了一年，姥姥又给娇娇报了个钢琴班，每周两次。虽说娇娇不愿意，可面对执着的姥姥，她也无可奈何。

这一天，老师把几个学钢琴的孩子叫到一起，上乐理课。姥姥把娇娇送进教室，一个人坐在教室外的沙发上打盹。不知过了多久，她被老师叫醒，老师问娇娇哪里去了。

姥姥不解："娇娇不是跟你在教室上课，怎么问我？"

老师说："娇娇说要上卫生间，我见您在教室外坐着，以为您会看着她。"

大家顿时着了慌，老师停下课，和姥姥一起找娇娇。

培训班位于大型商场内，下面是超市，上面是游乐区和百货商场，人来人往。老师和姥姥找不到人，立即报了警。最后，警察在游乐场找到了娇娇，她躺在一个长椅上睡着了。姥姥受到惊吓，冠心病发作，住进了医院。

孩子没有兴趣，逼迫其学习会使其产生逆反心理，甚至会导致严重后果。有的家庭早早为孩子买下钢琴，但孩子没有兴趣，一直到孩子上大学，钢琴也没有动过一次，成为家里一件摆设。有的家长强行让孩子参加不喜欢的特长班，导致孩子离家出走，甚至以寻短见相威胁，显然与家长的愿望相背离。

育儿建议

1. 别把意愿强加给孩子

家长不要把自己的兴趣当作孩子的兴趣，自己爱好什么就让孩子学什么，这样做很不合适。孩子没有兴趣，易产生逆反心理，自然不爱学，也学不好，就像上文提到的娇娇。奶奶为圆自己的音乐梦，逼迫孩子学钢琴。家长以个人意愿来取舍，以牺牲孩子快乐为代价，实际是在做一件费力不讨好的事情，得不偿失。

家长的责任不是逼孩子按自己的意愿发展，而应发现孩子的特长，培养其兴趣，加以引导。即便要孩子学习某种课程，首先也应培养孩子这一方面的兴趣。兴趣是学习的动力，孩子感兴趣，就不会把学习当成负担。一旦发现孩子不适合某些兴趣班，就要及时进行调整。

2. 为孩子正确选择兴趣班

有的家长望子成龙，望女成凤，期盼孩子出人头地，时常拿孩子与别人相比。不管孩子是否有兴趣，只要别家孩子学，我们也要学，绝不能落在别人后面。一些培训班的学习内容，与孩子年龄不相宜。孩子承担不了过重的学习压力，学起来枯燥无味，没有兴趣，自然缺乏动力。

要讲究适时学习，什么年龄段，适合学什么。根据相关专家介绍，学习一些技能的适宜年龄为：①小提琴。对手指力量有一定的要求，年龄太小不宜。5～6岁开始学习较为合适。②钢琴。太小，会对孩子手指正常发育造成损害。5岁以后开始学习比较适宜。③书法。小学三年级以后，对文字有一定理解，开始学习较为合适。④围棋、象棋。一般从小学三年级开始。⑤篮球。10～13岁。这个年龄参加篮球运动，能够促进孩子生长发育。⑥跆拳道。女孩的最佳学习年龄在6～7岁，男孩在7～8岁。此外，由于跆拳道耗费体力，学习期间要注意加强营养。⑦舞蹈。专业舞蹈的训练以10岁以上为佳。专业舞蹈训练强度大、时间长，容易损伤肌肉，对10岁以下孩子的生长发育不利。

此外，有一些运动，孩子不宜过早参与：①拔河。孩子骨骼和关节十分娇嫩，在强度大的对抗中，全身肌肉持续处于紧张状态，容易受伤变形，不利于肌肉的正常发育。另外，拔河需憋气用力，有时一次长达十几秒钟，当由憋气突然变成开口呼气时，静脉血流会突然涌向心房，容易损伤孩子的心房壁。②掰手腕。全身的肌肉从原来的松弛状态一下子变成紧张收缩状态，很容易造成肌肉、肌腱、韧带等软组织扭伤。③轮滑。轮滑是一项需要腿部和脚踝力量的运动，太早学习轮滑，可能会对孩子发育中的骨骼产生影响。④长跑。儿童过早进行长跑，会影响心肺功能发育，对关节处的骨骺发育不利。如果参加能量消耗大的长跑运动，营养消耗过大，影响其正常生长发育。

3. 兴趣班不宜太多

兴趣班只是在于开发孩子的兴趣爱好，不是必修课，不要逼迫孩子学。有的家长抱着多多益善、技多不压身的想法，给孩子报了很多兴趣班，让孩子不堪重负。

正确的做法应为：一是要从孩子兴趣和个性特征出发；二是要少而精。

家长要有所取舍。事实上，任何一个人都不可能成为全才。让孩子学太多的东西，结果只能贪多嚼不烂，消化不良。要让孩子在学习知识的过程中，感受到快乐、愉悦，身心得到全面发展，而不是以牺牲孩子的快乐为代价。

第十三章 孩子不快乐是没玩好

孩子快不快乐，取决于家长对孩子的态度。家长要调整好自己的情绪，以愉悦的心情面对孩子，让孩子感受到家庭的温暖。

玩对孩子来说是门大学问，是其人生最重要的一课，孩子首先要上好这一课。

性格活泼开朗的孩子，易与小伙伴和谐相处，对未知世界和新鲜事物有浓厚兴趣和热情，敢于探索，并能够很快适应新环境。而性格内向胆小的孩子，容易急躁焦虑，身心发展容易受到阻碍。

孩子压力太大高兴不起来

蕾蕾就要上小学了，这个假期她特别忙，除了学前班的课程，还有好几个课外班。周一英语课；周二琵琶班；周三绘画；周四英语下了课，还要上一堂跆拳道课；周五钢琴；周六上午是口才训练班，下午是舞蹈班。

蕾蕾是个听话的孩子，姥姥奶奶给她报的班她都去学，从没有怨言。蕾蕾学得非常认真，经常受到老师的表扬和奖励。

家人见蕾蕾与同龄的孩子相比有些瘦弱，且常常闷闷不乐，便商量给蕾蕾减掉两个班，减轻些压力。停哪个呢？奶奶说："钢琴、舞蹈先不学了吧。"姥姥说："那可不行，这些课不能半途而废。把口才训练班和跆拳道停掉吧。"奶奶说："口才好一生受益，减哪个都不能减它。还有跆拳道，是增强体质的，怎么能减?"姥姥奶奶商量半天也没有个结果，只得维持原样。

一天，蕾蕾在上跆拳道课时突然晕倒，被送进医院。经过检查，蕾蕾贫血。医生说，学习压力大，精神疲劳，体力消耗过大，睡眠得不到保证，是导致贫血的主要原因。家人感到问题严重，急忙叫停了所有课外班。

随着社会竞争压力增大，家长对孩子的期望值越来越高，早早给孩子报很多课外班，希望孩子不要输在起跑线上。这其中，老人们往往起到推波助澜的作用，他们比年轻的父母更为急迫。导致孩子学习负担越来越重，心理经常处于紧张状态。孩子缺少玩耍时间，没了欢歌笑语。虽然学习了一些知识和技能，但不利于其身心健康发展，很容易患上心理疾病。

孩子缺失关爱不快乐

梅梅的妈妈出差，将她送到姥姥家。姥爷不在家，姥姥一个人带梅梅，没有工夫陪梅梅玩。梅梅一个人坐在沙发上看动画片。梅梅看了一会儿，姥姥对她说："梅梅，你都看半小时电视了，小心累着眼睛，关掉吧。"

梅梅是个听话的孩子，可不看电视干什么呢？梅梅觉得没意思，对姥姥说："姥姥，你看电脑都一小时了，跟我玩一会吧。"

姥姥眼睛盯着电脑屏幕，头也没有抬，说："姥姥还有事儿，你自己堆积木玩吧。"

梅梅叹口气，嘟囔道："没有意思。"可还是坐在地板上摆起了积木。妈妈在家的时候，她和妈妈摆过一个奇妙小镇，很好玩。有房子，游乐场，还有医院和警察局。她摆着摆着，忘记了医院是什么样子，便不假思索地问姥姥："姥姥，姥姥，医院是怎么摆的？"

姥姥正看得专注，听见梅梅一声接一声地叫她，不耐烦地训斥梅梅："你这孩子，烦不烦人，我正忙着呢。捣什么乱，就不能自己玩吗？"

梅梅挨了姥姥的训斥，暗自流泪。姥姥见孩子没有动静，扭头瞅她，问道："怎么，说你一句还哭了？"梅梅听了，哇的一声哭出声来。

父母工作忙，无暇顾及孩子；夫妻关系不睦，经常吵架闹别扭，日常家庭氛围沉闷；照看孩子的老人对孩子缺少关注关爱，都易使孩子陷入孤独和恐惧情绪中，长期下去对孩子成长极为不利。

育儿建议

1. 家长要调整好心态

孩子最大的快乐来自家长的关爱，家人的一个拥抱、亲吻甚至是召唤，都会使孩子无比开心。家长的一言一行影响着孩子的情绪。家长心情好，孩子自然开心；家长心情不好，整天愁眉苦脸，孩子也会受到感染。

所以，要调整好情绪，以快乐的心情面对孩子，家长更不要拿孩子撒气。家长应多抽出时间陪伴孩子，多与孩子交流，不可敷衍了事。让孩子多感受家庭亲人的温暖，孩子的心情才会愉悦。

2. 让孩子在玩耍中快乐成长

孩子不快乐的原因多半来自心理上的不满足。经常因为没有玩好，所以不开心、不快乐。学龄前儿童，只有玩好才会快乐。

有的家长恨不得孩子一天到晚学知识、长见识。其实，对于孩子来说，玩（游戏）是一门大学问，是其人生最重要的一课。孩子只有上好这一课，才能学习到其他知识。孩子对世界的认识是从玩开始的。孩子在玩耍中与周围世界接触体验，获得有关形状、色彩、冷热、软硬、粗细等感知。随着身体的逐步发育，孩子玩的领域不断扩大，对周围世界的认识和感知也逐渐丰富。玩（游戏）是孩子参与社会生活的一种特殊形式，通过玩实现自我价值，体现创造能力，积累生活体验，丰富情感，使身心得到发展。

相关文件明确规定，幼儿园教学内容和教学要求就是要让孩子在各种游戏中完成其学习任务，防止幼儿教育小学化。玩才是孩子最快乐的事情，孩子玩不好，不会快乐。

3. 寓教于乐

公园里有一段彩色的方格小道，晴晴和爷爷奶奶玩起“石头剪子布”游戏，谁赢了就前进一步，谁输了原地不动。爷爷有两次犯规，晴晴和奶奶决定罚爷爷三次原地不动。而奶奶的出拳变化没有晴晴多，落在了晴晴的后面。

祖孙三人玩得十分开心，玩累了，三个人坐在草坪上休息。晴晴想起一个新的游戏，让爷爷奶奶“PK”背诵古诗，她来当裁判。

晴晴看了眼公园的荷花池，问：“宋朝杨万里的《小池》谁会？请举手。”

爷爷奶奶急忙把手举起来。

晴晴说：“请奶奶来回答。”

奶奶背诵：小池……早有蝴蝶立上头。奶奶故意将最后一句背错。

晴晴立即严肃地指出：“错。谁知道正确答案？”

爷爷马上举手，“我知道，早有蜻蜓立上头。老太婆胡说，还蝴蝶呢。”

晴晴说：“回答正确，给爷爷同学加一分。我再出一首：谁知道杜牧的《山行》？”

爷爷举手："我会。"

晴晴说："请爷爷回答。"

爷爷背诵："远上寒山石径斜，白云深处有人家。停车坐爱枫林晚，霜叶红于二锅头。"

爷爷也故意将最后一句背错，晴晴和奶奶一起叫错。奶奶说："这老头就知道喝酒，还二锅头呢。"晴晴说："爷爷同学，故意背错，扣掉一分。"

祖孙三个人玩得十分开心，到了天黑才回家。

学龄前孩子的学习要与游戏结合在一起，在玩的过程中学习、领悟新知识。家长应该学习如何让孩子玩好，玩得有意义。随着孩子年龄的增长，应不断扩大孩子的视野，给孩子必要的引导。为孩子提供多种选择，让孩子在游戏过程中学到书本无法学到的知识，在游戏中认识世界。

选择一些适合老年人身体条件并能够与孩子玩到一起的互动游戏。像晴晴和爷爷奶奶那样，把学古诗和游戏结合起来，寓教于乐，让孩子在游戏中增长知识，在玩乐中健康成长。以下两种游戏很适合老年人与孩子一起玩。

猜猜猜游戏：奶奶（爷爷）与孩子一对一描述公园里的事物。例如，孩子说有河，奶奶说河里有船；孩子说有山，奶奶说山上有树；孩子说有动物，奶奶问有什么动物……

词语接龙游戏：秋天—天空—空气—气球，等等。都很有意义，对孩子也是一种锻炼。

不能一味强调学习，压制孩子玩的天性，影响孩子人格健康。老人在与孩子游戏过程中可以享受天伦之乐，不再把带孩子当作枯燥乏味的累人差事。

第十四章
夸过头的孩子易自负

过分夸奖孩子，孩子容易自负、骄傲自满，认为自己是最棒的。不能够客观认识自己，易满足于已取得的成绩，缺乏明确奋斗目标。

孩子自负是夸出来的

笑笑今年四岁，会背诵四十多首古诗。笑笑时常给小区左邻右舍朗诵、表演，得到邻居们一致称赞："这孩子太聪明了，将来一定会有大出息。"笑笑的爷爷奶奶听到这些话，高兴得合不拢嘴，喜不自禁地夸奖笑笑是最棒的。笑笑也沾沾自喜，学古诗的积极性更高了。

这一天，小美妈妈带小美到笑笑家做客。吃完晚饭，大家坐在一起闲聊，爷爷提议，笑笑和小美 PK 古诗。笑笑胸有成竹，首先朗诵了一首白居易的《赋得古原草送别》，小美则朗诵了杨万里的《小池》。一人一首，你来我往，二人战成平局。笑笑爷爷说："这样不行，难分胜负，不如换个方式，一个人读上句，另一个人读下句。"大家纷纷叫好。

接下来的情形大家都没有想到，笑笑的诗小美都能接上来，小美读的诗笑笑却不会。笑笑顿时生了气，指着小美说："小美耍赖，她朗诵的诗不是小孩子读的。"

小美反驳："谁说不是小孩子读的？不信你翻翻书，这样的书我妈妈买了两本，还送给你一本。你不会还耍赖，真丢人。"

笑笑恼怒："你耍赖丢人，你丢人，我不跟你玩了。"笑笑跑进卧室。

自负的孩子，以为自己是最好、最棒的，谁都比不上。不能正确对待自己，一旦有人超越他，便无法接受。这使我想起另外一件事：一个高中生，学习非常好，每次考试都是全班第一名，大家都习以为常了。可是，有一次，同班另一个同学考得比他好，得了第一名，这令他无法接受："他怎么会比我好？他一定是作弊了。"他无法忍受，竟拿起水果刀向同学刺去。

孩子之所以出现这样的问题，还要从家长身上找原因。

在很多老人眼中，自家孩子最聪明、最优秀。孩子的每一点进步，都会使他们喜不自禁。过分夸赞孩子，很容易导致孩子自负。

自负的孩子反倒容易自卑

小美与笑笑“PK”古诗，让笑笑爷爷看出笑笑与小美之间的差距。爷爷下决心让笑笑再加一把劲，超过小美。爷爷发现笑笑注意力不够集中，爷爷觉得可能是笑笑对古诗的内容不能完全理解，读起来很枯燥，于是想着怎么改进教学方法。为此，笑笑爷爷专门跑了一趟书店，买来两本图文并茂的古诗词书和两张光盘，打算让笑笑一边看画面一边学习。可是让爷爷没有想到的是，笑笑再也不想学古诗了。怎么劝也不听，就是不学。

爷爷疑惑不解，问笑笑：“你以前那么愿意学习古诗，现在为什么不学了?”

笑笑摇头，只说了三个字：“没意思。”

爷爷很困惑，以前孩子那么好学，现在为什么觉得没有意思?

其实，笑笑不想学古诗的原因很好理解。这是自信心遭到打击的表现，这是家长滥用表扬，对孩子过度夸奖后导致的恶果。

过度夸奖易使孩子产生自大心理，一旦遭受挫折，或者得不到预期的表扬，心理易受到打击，反而会变得自卑。这种性格特征的孩子，患得患失，易对今后学习、成长造成负面影响。

比出来的问题

笑笑爷爷见孙子在与小美背诵古诗的比赛中失利，不再学习古诗，心想：这可不行，我得想办法恢复孩子的自信心。就对笑笑说："笑笑，其实，小美没有你做得好，你才是最棒的。你知道吗，小美为学古诗，把什么都丢掉了。她不会算数，一个字都不认识。你认识二百多个字，算数又厉害，可小美一点都不会。"

笑笑听了爷爷的话，十分惊讶。"啊，她连一个字都不认识？"

爷爷说："对呀，她一个字都不认识。咱俩算一算，你会算数，又认识那么多字，还会背诗，比小美强多了。"

笑笑哈哈大笑："小美真是个大笨蛋，一个字都不认识。"

星期天，小美妈妈又带小美来笑笑家做客。临来时，妈妈担心笑笑自尊心受影响，告诫小美，不要跟笑笑比赛朗诵诗，小美答应了。两个孩子一见面，小美主动要和笑笑搭积木玩。

笑笑摇头，说："我不跟你玩，你太笨，连一个字都不认识。"

小美听了这话很不高兴："你胡说，谁说我一个字都不认识？我认识的字比你多，不信咱俩比赛。"

笑笑说："比就比，我认识一百多个字，还比不过你。"

小美撇嘴说："才一百多个字，我都会四百多个字了，不信你问我妈。"

小美妈和笑笑爷爷见俩孩子吵了起来，马上把他们分开。小美妈担心笑笑不高兴，坐了一会儿就带小美走了。

现实生活中，有些家长喜欢拿孩子与别人做比较。由于偏爱自己孩子，往往只看到孩子的长处，而看不到其缺点和不足，甚至把孩子的不足当成优点。每个人都有各自的优点和不足，应该多看别人的长处和优点。要教育孩子正确地对待自己的不足，多向别人学习。在孩子面前，过分夸奖孩子，给孩子一种比别人强的心理暗示，就很容易助长孩子盲目自大的心理。

育儿建议

1. 掌握夸孩子的学问

小美回到姥姥家，姥姥见小美闷闷不乐，便问她："小美，姥姥见你有些不开心，怎么了？"小美噘着嘴对姥姥说："我和笑笑"PK"朗诵诗，我读上句，他读下句，好几首诗他都接不上来。他不认输，还狡辩，说我玩赖，真丢人。我怎么丢人了？他狡辩才丢人。""呜呜……"小美扑到姥姥怀里哭起来。

姥姥哄小美："小美，别哭，听姥姥说，笑笑这样说你是不对的。事后笑笑想明白，会向你道歉的。你们两个应该互相学习，互相帮助。"

小美说："我向他学什么？他那么笨，他会的那几首诗，我早就会了。他爷爷还夸他是最棒的，我才是最棒的。"

姥姥批评小美："小美，你这样说就不对了。你就是比笑笑多会几首诗，也没有什么值得骄傲的。有许多小朋友比你会得更多，我们应该向他们学习。再说，笑笑虽然诗没有你会得多，但是，他在其他方面也有长处，值得我们学习。"

小美问："他有什么长处呢？"

姥姥说："你们在一起玩就会发现他的长处。你要是认为自己是最棒的，就不会进步。虚心使人进步，骄傲使人落后，你一定要记住这句话。"

小美点头，说："姥姥，我懂了。"

小美一直由姥姥来带，读诗、识字也是姥姥教的。对于小美的每一点进步姥姥都非常高兴，但姥姥夸小美时很注意分寸，从不夸过头。小美学会了一首诗，姥姥便会说："小美有进步，可是，这诗你还不知道是什么意思，等明天姥姥再给你讲。"第二天，姥姥给小美讲解诗词的意思，小美听得似懂非懂，姥姥说："你现在还不太明白，等你长大一些，姥姥再给你讲，你就会完全听懂了。"在姥姥的教育下，小美养成了谦虚好学的品格。

每个孩子都希望得到家长的表扬和鼓励。家长夸奖得当，能够巩固其成绩，增强其自信，促进其进步；如果夸奖不当，言过其实，就会使孩子沾沾自喜，盲目自信。孩子年龄尚小，无法全面地看待问题，不能正确地评价自己和别人，家长的评价对于孩子而言至关重要，对孩子的成长起到引领和导向作用。家长夸奖孩子应注意几下几点：

第一，留有余地。绝对化的夸奖对孩子没有好处，只会助长孩子骄傲自满的情绪。我们可以做个比较：一种说法是"孩子，你今天有进步，希望你明天做得更好。"另一种说法是"孩子，你太棒了。"两者的差别显而易见。前者是告诉孩子，只要你努力还会做得更好。后者则让孩子觉得已经非常完美。前者能够让孩子看到不足，后者容易助长孩子的自大心理。家长恰如其分的评价，对孩子既是鼓励，又让他看到努力的方向。要让孩子明白，人人都有长处和不足，帮助孩子正确评价自己，学习别人的长处。

第二，实事求是，不说假话。很多老人对孩子的夸奖很随意，不管孩子做得怎么样，都说好。孩子画画，问奶奶："奶奶，您看我画得好不好？"奶奶看都没有看，便夸奖道："好，我孙女画得太好了。"爷爷过来看了一眼，赞赏道："是的，棒极了，我孙女是天才。”这样的话，只会哄孩子一时高兴，没有多少实际意义。夸奖要切合实际，有的放矢。孩子画得好，好在哪里，哪些方面可以画得更好，要给孩子指出来。不懂就实话实说，不说大话，不说空话，不说假话。

第三，不滥用夸奖。家长经常滥用夸奖，易使孩子被夸奖捆绑，往往不愿接受批评，喜欢奉承，遇到困难易丧失信心，不易调整自己。所以，家长对孩子的夸奖要掌握分寸，使夸奖起到积极作用。

2. 让孩子认识到自身的不足

妙妙的爷爷教妙妙一种扑克新玩法，妙妙很聪明，很快就学会了。她和爷爷奶奶一起玩，每次都能赢，妙妙十分开心。晚上吃完饭，妙妙和爸爸妈妈一起玩这种扑克，妙妙输了，坐在床上哭了起来。爷爷奶奶忙跑过来问怎么回事，妙妙说爸爸妈妈耍赖。奶奶当即批评妙妙的爸爸妈妈：“我们玩一天了，孩子高高兴兴的，你们一回来就惹孩子哭。不就是玩嘛，不会让着孩子点，非赢她干什么？”

妙妙的爸爸妈妈相对而视，哭笑不得。妙妙爸爸说：“孩子跟你们玩扑克，不输全赢，那是什么玩法呀？如果出去跟别人这样玩能行吗？”

妙妙爷爷说道：“这是在家里，不是在外面，到外边妙妙就懂事了。”

妙妙爸爸说：“您还说呢，上个星期天，我们带她去和同事家的孩子一起玩，妙妙输了就生气不玩了。”

奶奶一听这话，忙哄妙妙说：“妙妙，咱们在家让你赢。在外边和小朋友一起玩，输了也不生气，好不？”

要使孩子改掉身上骄傲自满的不良品性，除了要注意表扬、夸奖的分寸外，还要让孩子看到自身的不足和缺点。夸孩子固然重要，适当的批评也是必要的。对孩子不能只是“好好好”，不正视其不足。要让孩子懂得人外有人、天外有天的道理。要让孩子知道每一个人都有长处和短处，要虚心地学习别人的长处，弥补自己的不足。

第十五章 孩子胆小自卑与家长有关

孩子胆小自卑与先天气质因素有关，也与后天培养相关。家长应该多查找原因，注意从小加以纠正，不要因为家长的不当行为影响孩子的性格发展。

有的孩子胆小，怕生人。一些孩子不愿意上幼儿园，不敢与小朋友交往。他们十分害羞，不敢表现自己。在新环境中总是十分紧张，不善言谈，离不开大人……

孩子胆小，有的是与生俱来的，有的是后天环境影响造成的。目前，心理学界倾向认为是遗传和环境因素相互关联的结果。孩子胆量和性格的形成，既与先天气质因素有关，又与后天因素有关。心理学家认为，婴儿从出生的那一刻起，遗传的影响就显露出来了，而后天影响则可以改变孩子性格的发展方向。一般而言，孩子胆子大一点小一点，都属正常，不必大惊小怪。随着孩子逐渐成长，对外界事物认识的深入，这方面是可以改善的。况且胆子小一些的孩子较为听话，有较强的自我保护意识，不容易受到伤害。不过孩子过于谨小慎微，发展下去会对将来的学习、工作产生负面影响。这往往与家长不当的教养方式、方法有关，尤其是老人教养孩子的，更应注意并加以改进。

搂在怀里的孩子胆小

会会的爸爸妈妈都在外地工作，会会一直住在奶奶家，由奶奶爷爷照看。会会三岁到了上幼儿园的年龄，妈妈接她回父母身边生活。会会妈联系了一家离自己工作单位很近的幼儿园，这样每天早晚可以和会会一起走。

会会跟妈妈第一天到幼儿园，就紧紧拉着妈妈的衣襟，不让妈妈走。哭着央求妈妈：“妈妈，我不上幼儿园，我不上幼儿园……”

妈妈将她抱起来，安慰她：“会会，妈妈要上班，没有时间陪你。你看这里那么多小朋友，玩得多开心呀。你为什么不愿意上幼儿园呢？妈妈下了班就来接你。”

会会哭着摇头：“不，我要回奶奶家，不上幼儿园。”

妈妈心疼，犹豫不决。幼儿园老师安慰会会妈：“初入园的孩子一般都会有几天不适应，过几天就好了。”

会会妈听老师这样说，一咬牙，放下会会就走了。

中午的时候，会会妈不放心，想给幼儿园老师打个电话，问问情况。手机刚掏出来，就响了，是幼儿园老师打来的。老师说孩子哭得厉害，妈妈最好能过来一趟。会会妈立刻请假来到幼儿园。

幼儿园老师向会会妈介绍：“会会这孩子胆子特别小，不敢跟小朋友接触，就是想回家。”幼儿园老师问会会妈：“这孩子以前是谁带？”

会会妈回答说：“一直在奶奶家，由奶奶带。”

幼儿园老师点头，说：“老人带孩子，总是喜欢将孩子搂在怀中，时间长了，孩子容易养成胆小的毛病。”

会会妈同意幼儿园老师说的，说：“您说得太对了，我们也觉得这孩子胆子太小，离开爷爷奶奶，见什么都害怕。这可怎么办？”

幼儿园老师说：“您别着急，咱们一点一点慢慢来。您最好能陪孩子在幼儿园待两天，让孩子熟悉一下幼儿园的环境，然后再撒手。”

会会妈想了想，说：“那好吧，我请两天假，陪陪她。”

一般3周岁孩子，交往范围已不局限于父母家人，渴望扩大交往范围，乐意和其他小朋友一起过幼儿园群体生活。会会的胆子小为什么不愿意去幼儿园？这得从孩子爷爷奶奶身上查找原因。

老人对孩子过于溺爱，总把孩子抱在怀里，形影不离。不让其与陌生人接触，容易使孩子产生强烈的依赖心理和被保护意识。一旦离开家长，孩子就感到无所适从，长久以往易形成胆小怯懦的性格。

经常被吓的孩子胆小

小刚的爷爷带小刚到公园玩，遇到一位老同事。两人多年不见，热络地聊了起来。那位爷爷蹲下身子逗小刚："去爷爷家好不好？爷爷家有一个小哥哥，有好多玩具，都给你玩。"

那位爷爷本以为小刚会痛快地点头同意，没想到，小刚小嘴一撇，哇的一声哭起来。那位爷爷很尴尬，忙向小刚爷爷道歉："看看，我把孩子给逗哭了。"

小刚爷爷忙说："跟你没有关系，这孩子胆小，都是我们家老太婆给惯的。"

回到家，爷爷说起这件事，奶奶不满意地反问："我精心带孩子，难道还有罪了？孩子胆小怎么成了我的责任？"

爷爷说："你别不服气，这孩子就是你给吓出来的。举一个例子，那天看电视，警察抓了一伙拐卖妇女儿童的人贩子，你一边看一边给小刚讲：'这些坏人到处都有，你可不能跟陌生人说话，特别是那些看着很凶的人。'"

奶奶反驳爷爷："我是这么说的，本来嘛，现在社会这么复杂，不让孩子跟陌生人说话有错吗？"

爷爷说："过度渲染，就是在吓唬孩子，会给孩子留下心理阴影。”

奶奶说：“这怨你没有跟孩子讲清楚。你应该明确告诉孩子，这位爷爷是你的好朋友，不是坏人。这么说孩子还会哭吗？”

爷爷不再与奶奶争论，说：“好，以后咱们都注意，不能把小刚带成胆小怕事的孩子。”

有些老人比较溺爱孩子，孩子在老人面前很任性，不听话，爱耍脾气。在无计可施情况下，老人往往会吓唬孩子，让其服从听话。孩子不好好吃饭，便说：“快把饭吃光，大灰狼闻到香味会跑进来。”孩子哭闹，便说：“你哭吧，大马猴专抓爱哭的孩子。”孩子晚上不睡觉，便说：“外边有警察专门抓不睡觉的小孩子。”……

此外，家庭成员经常当着孩子面吵架，甚至大打出手，孩子长期处在紧张的家庭氛围中，缺乏安全感，从而容易变得胆小。

有暴力倾向的动画片、电视剧和图书也会给孩子幼小的心灵带来负面影响。

经常被人取笑的孩子胆小

果果今年四岁了，爷爷发现他做跳跃动作还不太协调，就想训练训练他。吃过晚饭，爷爷就和果果一起练习跳跃。爷爷先做一遍示范，然后叫果果跳。果果将左腿抬起，右腿独立，没有站稳，跌倒了。围观的人看见果果滑稽的样子，哈哈大笑。

爷爷没有在意，顺口说：“你个小笨笨，人家都会跳，你怎么还不会？起来，再来一次。”爷爷又做一遍示范，让果果再做一次。这一次，果果怕跌倒，不敢往高处跳，只是轻轻颠一下脚。大家笑得更厉害了，果果见大家取笑他，嘴巴一咧哭了。从此，他再也不跟爷爷练单腿跳了。果果到了五岁，仍不会右腿单跳。

孩子有的方面发育得早，有的方面晚一些，属正常情况。面对不足，家长不经意的一句玩笑话可能会伤害孩子自尊心，在他们幼小的心灵深处留下阴影。就像果果，受人嘲笑后，再也不愿练习跳跃了。所以，家长千万不要轻易开这样的玩笑。

斥责会让孩子变得胆小

李爷爷爱下象棋，没事的时候就教孙子年年下棋。年年五岁就和爷爷摆棋对弈，有模有样。

一天，李爷爷在网上对弈，孙子跑过来看。爷爷对年年说："你来下棋，不会走的时候爷爷教你。"年年在爷爷的指导下，一步一步走起来，当头炮，七步马，出车，上车。年年鼠标没有点好，将车点到了对手口中，对方一口将年年的车吃掉了。爷爷吃了一惊，训斥孙子，"哎呀，你可太笨了，怎么能把车点到人家口中？"

年年知道走错了棋，当时眼泪就下来了。爷爷知道不应该批评孙子，马上改口说："没事，没事，胜败乃兵家常事，继续下。"可是，年年再也不想下了，爷爷怎么劝也不听。

爷爷一句责备，将年年下棋的勇气浇灭了。从此，年年再也不敢与人对弈，唯恐走错棋。有时家长不经意间的训斥责备，如"看你这个笨呀"这样的话很伤孩子自尊心。

育儿建议

帮助孩子克服胆小怕事的弱点，从自卑走向自信，老人要改变带孩子、教育孩子的方法，正确引导孩子。

唱唱是个聪明的小姑娘，就是胆子有些小，不敢与其他小朋友接触。遇到陌生人不敢开口说话，总爱一个人闷在家里。奶奶身体不好，带不了她，正好姥姥退休，妈妈就把她送到姥姥家。

姥姥分析唱唱胆小的原因是奶奶总把孩子关在家里，与外界接触太少。姥姥决定好好炼炼她的胆量。

姥姥每天带唱唱到户外，专找有小朋友的地方玩。开始，唱唱只看别的小朋友玩，不参与。后来，姥姥带了许多玩具，都摆出来。其他小朋友看见这么多好玩的玩具就过来与唱唱说话，唱唱却不吱声。

姥姥见唱唱喜欢看画本，又准备了一些笔和纸，发给唱唱和小朋友们，大家一起在石桌上涂画。姥姥惊喜地发现，唱唱的话不知不觉多了起来。姥姥见唱唱愿意接触其他小朋友了，就常带她去串门，或请其他孩子来家里玩。大家一起搭积木、涂画、做游戏。反复几次下来，唱唱开始主动邀请小朋友来家里做客。

姥姥高兴地看到唱唱在进步，有意识地扩大她的交往圈，带她到公园。到山上看动物，到河边看鱼，和她一起追蝴蝶、蜻蜓，一起“探险”“寻宝”。

过了两个月，姥姥把唱唱送到幼儿园，这回唱唱没哭没闹。连招呼都没顾上与姥姥打，就跑进去和其他小朋友玩了起来。

1. 放开孩子手脚

放开孩子的手脚，尽量给孩子活动空间。不要总把孩子留在身边，抱在怀中，怕这担心那。凡是适合孩子成长的，尽可能地让他们接触、体验，让其多认识新鲜事物，多与小朋友交流。接触多了，见识多了，胆子自然就大了。

2. 丢掉管教撒手锏

吓唬孩子是最不可取的管教办法。这个撒手锏看似好用，实则会对孩子造成严重的不良影响。

经常受到恐吓和威胁，孩子的精神压力大并产生恐惧心理，容易养成胆小怕事、软弱、优柔寡断的性格。更有甚者会患上精神官能症，影响孩子的心理健康。我们要尊重孩子，给他们讲事实、摆道理。对于有危险的事物，要给孩子讲清后果，让孩子懂得躲避危险，学会保护自己；而不是夸大其词、无中生有，增加孩子的心理负担。

要给孩子创造一个舒适和谐的生活环境。使他们远离暴力，远离家庭矛盾。面对突发事件，家长要多陪在孩子身边，多给予安慰。

3. 家长应谨言慎行

不当的教育方式会导致孩子胆小怕事。有的家长简单粗暴，教育孩子不讲究方式方法。过于严厉，给孩子立下许多清规戒律，违反就责罚，甚至打骂，使孩子缺乏安全感，从而变得谨小慎微。

有些老人因压力大、过于劳累，心烦意乱，说话常欠考虑，容易对孩子自尊心产生伤害。例如，“你这孩子怎么这么笨？你看看别人家孩子，一遍就会了，你可好，教你多少遍还不会。”“你能不能叫我省点心，真是烦死人了。”类似的话甚至比暴打孩子对孩子的伤害更大。讽刺、挖苦甚至谩骂，会使孩子备受打击，从而容易形成内向、自卑的性格。

不要拿孩子与别人相比，不要说别人如何聪明，你如何不如别人之类的话。类似“你是个傻瓜”“你是个笨蛋”这样的话，会严重伤害孩子的自尊心，加重孩子的自卑心理。

4. 多给孩子鼓励

胆小怕事的孩子往往不自信，做什么事情都畏首畏尾。担心做错事情，被人嘲笑讽刺。与人交往时往往容易脸红、胆怯、口吃，或者躲在家长身后，不敢出来。这时候不要批评责怪孩子，要多给孩子以鼓励，慢慢锻炼他们。时间长了，次数多了，自然就会改善。例如，有的孩子刚上幼儿园，接触新环境会感到不适应，家长可以多陪伴。让他们有一个熟悉适应的过程。

有时孩子玩游戏，失败了，会很烦躁。这个时候，家长不要坐视不理，要鼓励他，可以说："没关系，再来一次"，或者"我们下次再来"，或者和孩子一起动手解决难题，孩子就会有兴趣继续玩下去。

日常生活中要注锻炼孩子。孩子能够独立完成的事情，坚决让其自己去做，不要包办代替，横加干涉。鼓励孩子去做感兴趣的事情，不要担心孩子做错，或者做得不够好。要多给孩子以赞赏和鼓励，增强孩子的自信心。例如，四岁的洋洋早晨起床，自己把被子叠好。尽管叠得不够整齐，但是奶奶没有阻止，而是表扬了他。洋洋受到鼓励，下了地就去拿拖把擦地。尽管这不是孩子干的活，弄得一地都是水，奶奶也没有阻拦，而是和洋洋一起擦地。如果奶奶一开始就横加阻拦，甚至怪他给自己添乱，洋洋的积极性就会受到打击，自然不会有下一步行动了。

某些发育晚，或有生理缺陷的孩子容易产生自卑心理。家长要注意保护，多给予鼓励，杜绝挖苦讽刺孩子。

第十六章 不听话未必不是好孩子

以听不听话来区分孩子好不好是不科学的。

听话的乖孩子未必是好孩子，不听话的孩子未必就是坏孩子。某些时候孩子与家长顶嘴并不是什么坏事。

听话未必就是好孩子

刘奶奶、张奶奶、李姥姥带孩子在小区里玩。刘奶奶的孙子和张奶奶的孙女玩捉迷藏，十分兴奋。而李姥姥的外孙一个人默默地蹲在地上，用一根草棍在地上拨来拨去。李姥姥见外孙一个人孤零零的，便对他说："连连，去跟两个小朋友一起玩，一个人玩多没有意思呀。"

连连看了眼不远处嘻嘻哈哈的两位小朋友，犹豫了一下，胆怯地说："不，奶奶说乱跑危险，容易摔伤胳膊腿。"

姥姥鼓励他："没有关系，小心点就是了。去吧，你看他们玩得多开心呀。"

连连站起身，寻思一会儿，向两位小朋友跑去。

张奶奶对李姥姥称赞说："瞧你这外孙子，真乖，太听话了。你看我家那小疯丫头，比小子还野。"

刘奶奶附和张奶奶，说："可不，这孩子这么听话，将来一定有出息。哎，我家孙子就是不听大人话，你说东他偏向西，淘起来没有个边，一天到晚不知操多少心。要是有连连一半听话我就心满意足了。"

李姥姥苦笑说："您二位可别夸我这外孙子，孩子让我那亲家奶奶训练得太听话，都出毛病了。我给您二位举两例子：他奶奶刚开始送连连进幼儿园，给他拿了个坐垫，对他说：'连连，这个坐垫你可看好了，只准自己坐，别让其他小朋友坐；你也不要坐别人的坐垫，不卫生。记住了吗？'这小子点点头，说记住了。进了幼儿园，他走到哪里就把坐垫拿到哪里，连出早操也要带上。老师对他说：'连连，把坐垫放在座位上，不要带在身上。'连连摇头说：'不，我奶奶说让我看好坐垫。’老师怎么说他都不同意。没有办法，老师就对全班小朋友讲：‘大家要坐自己的座位，不要坐别人的座位。’然后又强调说，‘连连的坐垫有三个小苹果图案，是奶奶给他新做的，大家不要碰。’就这样连连也没把坐垫放下。最后还是老师跟他奶奶说了这事，奶奶发了话，他才不拎着坐垫到处跑了。您二位说这孩子闹不闹心？”

刘奶奶、张奶奶听罢只是嘿嘿笑，心想：这孩子是有点过分。

李姥姥接着说：“再给你们举一个例子，他奶奶教他一首古诗：碧玉妆成一树高，万条垂下绿丝绦。不知细叶谁裁出，二月春风似剪刀。我知道这是唐朝贺知章的诗，最后一句他奶奶说成二月东风似剪刀，我跟他说奶奶教错了。他说：‘奶奶没有教错，是你说错了。’我怎么说都不听，看来只能让他奶奶来纠正错误了。”

刘奶奶问：“你是说太听话的孩子容易教条？”

李姥姥说：“不光是教条，缺点还多着呢。我现在倒愿意孩子淘气一些，顽皮一些，别大人说什么是什么。”

常听老人夸孩子：这孩子太听话了，真乖。有些老人总是羡慕别人的孩子如何的乖，听家长话；抱怨孩子如何淘气，叫人不省心。传统观念中，老老实实、规规矩矩、稳稳当当，站有站样，坐有坐样，家长说什么听什么，让干什么干什么，才是好孩子。实际上，听不听话并不能作为划分孩子好不好的标准。听话的乖孩子未必是好孩子，不听话的孩子未必就是坏孩子。

孩子听话家长固然省心，但孩子太听话，容易教条、缺乏创造力。在孩子心中，家长说的话就是圣旨，一定要原封不动地照办。这样的孩子不善于思考问题，而调皮捣蛋，“坏点子”多的孩子则恰恰相反。他们思想活跃，善于表现，富有创造力。听话的孩子往往缺乏应变能力和解决问题的能力。凡事喜欢按部就班，不善于随机应变，发挥个性特长。所以，孩子还是保持率真的童真为好，不要让他们过早地变成小大人。

孩子顶嘴未必是坏事

真是各有各的烦恼，李姥姥烦恼孩子太听话，张奶奶却说："我现在就愁我家这小疯丫头，不但淘气还顶嘴，小嘴巴巴的可能讲了。我说一句，她有十句话等着我，都说不过她。这一天愁死我了。"

刘奶奶没等张奶奶把话说完，说道："你说得太形象了，我家那小子也是，没理也能跟你辩出三分。就说今天吃早饭，我给他做了一盘西红柿炒鸡蛋，这小子说什么也不吃。我对他说：'这可是你妈妈让你吃的，有营养，维生素丰富，对身体有好处。'你们猜他跟我说什么？人家说：'有营养你们为什么不天天吃，非得叫我一个人吃。'"

"哈哈哈哈……"张奶奶和李姥姥都笑了。张奶奶说："这孩子是对你这奶奶有意见了，天天给孩子做西红柿炒鸡蛋吃，还有个不烦？"

刘奶奶深思一下，觉得张奶奶说得有点道理，自己也笑了。叹了口气说："我承认我是个不合格奶奶，你们都给孩子天天做什么吃的？"

李姥姥说："这是两回事儿。依我看，孩子跟大人顶嘴，不是什么坏事。说明孩子成长了，有自己的主见了。我这外孙子要是能跟我顶嘴，我还乐得见呢。"

刘奶奶、张奶奶又都笑了，说："看看，你这是站着说话不腰疼。"

孩子顶嘴是让老人很烦恼的一件事，你说东他偏说西，与你对着干。而很多老人气急就会忍不住说：“你这孩子真是越来越不听话，小小年纪就跟大人顶嘴。我告诉你，不行，就是不行，必须照我说的做。”

孩子跟家长顶嘴，说明他们已经长大了，有了自己的思想和想法。会争辩的孩子自信，勇于表达自己的观点和感受，这是件好事。应该为他们感到高兴才是，家长不必气恼。孩子顶嘴时家长要调整好情绪，心平气和地听一听，孩子说得有没有道理。刘奶奶的孙子说得就很有道理，成人天天吃西红柿炒鸡蛋也会烦，况且是孩子呢？孩子说得对，就要尊重孩子的意见，并加以改正。即使是那些看似无理的诡辩，也能够传达某些信息，家长应该从中理会孩子的想法和情绪，有利于我们有的放失地对孩子进行引导。

别和孩子硬着来

乐乐要到姥姥家住三个月。孩子不在的日子里，乐乐奶奶每天逛逛超市，聊聊天，看看书，倒也轻松。这天，她收拾完屋子，正要叫上老伴出门逛街，亲家母牵着孙子乐乐进屋了。

乐乐奶奶见到孙子既高兴，又惊讶。不是说在姥姥家住三个月吗，怎么这还不到一个月就跑回来了？

没等老两口问话，孙子乐乐就跑进自己房间，嚷道：“爷爷，姥姥家不好，我不愿意在姥姥家待。”

爷爷怕乐乐姥姥尴尬，责怪孙子：“小坏蛋，你说什么，姥姥姥爷这么疼你，有多好啊。”爷爷招呼乐乐姥姥坐下，进乐乐房间，见乐乐坐在地板上正专心玩小汽车。

乐乐奶奶和乐乐姥姥坐在客厅沙发上聊起来。乐乐姥姥叹口气，说："唉！我把孩子给你送回来了，我是带不了他了。你说这才三岁多，咋这么犟？我跟他说："乐乐，要吃饭了，咱们洗手吧，他就是不洗。你跟他讲道理，不洗手细菌吃到肚子里会生病，他反倒振振有词：'那你喂我。'问他想吃什么？他说西红柿炒鸡蛋；你给他做好了，他却说不想吃，要吃面条。好，我给下面条，下好面条，他又说不吃，要吃蛋炒饭。到睡觉时间，他偏要看电视，你把电视给关了，他就跟你哭闹。"

乐乐奶奶笑呵呵地听乐乐姥姥说完，接话说："唉，这孩子正在叛逆期，跟他硬着来不管用。"

孩子三岁左右会有一个叛逆期。处于叛逆期的孩子，以自我为中心，有强烈的自我表现欲望，不喜欢被控制，喜好与家长作对。有研究表明，顺利经过反抗期的幼儿，成人以后自主性强。这个时期的孩子，家长一味训斥、打骂，溺爱，都会适得其反。

育儿建议

1. 孩子不听话，要从大人身上查原因

乐乐奶奶和姥姥对如何看管乐乐各有看法。乐乐奶奶说："不瞒你说，乐乐在家也是这样，顽皮得很。他一回家就把玩具扔得满地都是，玩起来没完没了，吃饭也叫不动。到睡觉的时候不睡觉，吃饭把蔬菜全都挑出来。说浅了他不理睬你，说深了他跟你顶嘴，真是叫人头疼。后来，乐乐幼儿园的一次讲座给了我很大启发。老师说，孩子不听话，要从我们家长自身查找原因。一方面，家长没有懂得孩子的心思。孩子把玩具扔得满地都是，他们喜欢按自己的方式，你非得叫他规规矩矩地玩，那有什么意思呀？他当然不愿意。孩子喜欢运动，一跑起来一身汗，你叫他穿那么多衣服，他当然不

听你的。我和老伴想一想，说得也对，我们用成人的思想强加于孩子，孩子当然不服你管。另一方面，家长跟孩子说话的态度是不是有问题？是不是简单粗暴？孩子看动画片，正在兴头上，家长常常一下将电视关掉，说：‘不许看，要吃饭了。’孩子跟你商量，想再看一会儿，你说不行。他自然会噘起小嘴，赌气说：‘我不吃饭。’”

乐乐姥姥一拍大腿，说：“说得太形象了，我就是那样，跟这小子硬着来就是不行。”

乐乐奶奶说：“老师还举例说，有的家长批评起孩子没完没了，絮絮叨叨。将陈年往事一股脑提起，把孩子说得一无是处，孩子当然要反抗。还有，家长说话出尔反尔，昨天还同意的事，今天就不行了，叫孩子无所适从。”

乐乐姥姥听到这儿，说：“看来，我们当老人的也得改变一下方式了。”

面对不听话淘气的孩子，家长首先要摸清楚他们的心思。孩子为什么会这样，心里是怎样想的？然后才能有的放失地引导孩子。例如，孩子总想往高处爬，站小凳子，踩椅子，再上桌子。你训斥他：“下来，危险。”孩子不会听你的话，因为他对什么都好奇，喜欢探险。限制他的喜好，孩子一定跟你急。或许我们可以换一种说法，“这个不好玩，危险，咱们玩滑梯去”孩子多半会兴高采烈地跟你走。只有理解尊重孩子，在一定程度上满足孩子的好奇心，孩子才能听你的话。但是，面对孩子的无理要求，则不能一味迁就。迁就他一次，就会有第二次，如此下去，孩子很难养成好习惯。

2. 心平气和地与孩子沟通

每孩子有自己的想法，认真倾听他们的意见，尽量满足他们的正当需求。即便孩子错了，也不要简单地说“不行”。要指出孩子错在什么地方，为什么错了，如何改进。

处在叛逆期的孩子，不要简单地限制他们，而要想方设法地接纳他们，引导他们，引导孩子自觉改变想法，改正错误。

对于孩子的无理要求，必要时可以不理睬。当孩子情绪反应强烈时，讲过多的道理他们是听不进去的，不如暂且不理睬。或者想办法转移其注意力。孩子自觉没趣，闹几次就不闹了。等孩子平静之后再给其讲道理，效果往往会好很多。

3. 批评要注意方式方法

任何时候都不要说伤害孩子的话，如“你这个孩子太坏了”“没见过你这样不听话的孩子”“简直不可救药”，等等。不要当着亲友或孩子同伴的面指责、批评孩子，会使孩子感到很难堪，更加助长孩子的叛逆情绪。

4. 要求要切合实际

不要用成人的标准来衡量孩子。对孩子提要求，要考虑孩子的发育特点规律，不能要求过高。家长适当降低标准，孩子也许会听话很多。

第十七章
打骂教不出好孩子

棍棒教育是恶习。这种教育方法不但达不到教育孩子的目的，还会对孩子造成伤害，对孩子健康成长产生负面影响。

棍棒教育是恶习

大勇的爷爷相信“孩子不打不成才”。“孩子不能光靠说教，小孩子哪里懂得那么深的道理，跟他说再多也是对牛弹琴。必要的时候，适当打几下屁股，吓唬吓唬孩子，叫他长点记性还是有效的。想当年，大勇爸爸不听话，就没少挨打。现在怎么样，他在一家大公司当处长，很优秀。”可大勇爷爷从来不打孙子，他心疼孙子，下不去手。每次孙子把他气急了，咬咬牙，也就是轻轻拍一下屁股。孩子根本不害怕，还跟他嘻嘻地笑，说：“不疼，不疼。”再者，公公打孩子，儿媳妇知道了也会不高兴。可是，他并不反对儿子教训孩子，每次大勇犯了错，他就暗地里叫儿子收拾孙子。他告诫儿子，只准打屁股，不许打别的地方。样子要凶、严厉，下手不能太重，轻拍几下，吓唬吓唬就可以。

一天，爷爷带大勇在小区里玩，爷爷同几个老人聊天，没有注意大勇。大勇欺负小朋友，他把人家推倒，还不认错。大勇爷爷黑着脸说：“你不认错，我现在就给你爸爸打电话，叫你爸收拾你。”大勇害怕了，央求爷爷：“别给我爸打电话，我再不跟他们玩了，说完就往家里跑。”

爷爷不吭声，背着手跟在孙子后面。邻居望着他后背笑道：“这老头一告状，孩子免不了又得挨上一顿打。”

虽然多数老人疼爱孩子，即使孩子犯了错，也舍不得动手打孩子，但这并不代表他们不支持子女必要时适当动用武力管教孩子。从古至今，民间一直流传着“打是亲，骂是爱”“三天不打上房揭瓦”“棍棒之下出孝子”“不打不成才”等说法。这种教育方式不但达不到教育孩子的目的，还会对孩子造成各种伤害，对孩子健康成长产生负面影响，必须加以摒弃。

打骂孩子危害大

打骂孩子会对孩子身心造成伤害。一个5岁小女孩因为背错唐诗，被亲生母亲失手打死。贵州籍“80后”妈妈谭某，因过失致人死亡被法院判处有期徒刑3年，缓刑5年。个别家长不能很好地控制自己的情绪，甚至失去理智，下手不知轻重，甚至会将孩子打伤，酿成悲剧。

打骂孩子会使孩子产生恐惧心理，诱发身体不适，如突然发热、呕吐、消化不良、腹泻、惊厥、哭闹等。幼儿在心理上比较依附家人亲人，一旦受到亲人打骂，会产生一种遭受遗弃的感觉，长期下去，会变得懦弱、胆小、羞怯。

孩子经常遭受责骂和殴打，还会产生逆反心理。换一种方式对待孩子，或许会取得意想不到的效果。

经常挨打的孩子会同样对待别人。父母粗暴，孩子也会这样对待其他小朋友。心理学家指出，一个人小时候常遭受打骂，成年后很有可能表现出反社会行为，患精神疾病的风险也会增高。

有的孩子遭受打骂后会变得自暴自弃。自觉低人一等，胆小怕事，遇事冷漠，缺乏信心。

育儿建议

1. 管控好自己的情绪

多数老人都很疼爱孩子，即便孩子犯了错也舍不得批评，更别提打骂了。但凡事都有例如，我们不妨看看下面这个事例。

顺顺是个调皮的孩子，常常跟爷爷奶奶作对，叫爷爷奶奶很是头疼。

这天，爷爷带顺顺去公园玩。回来的路上，爷爷担心不安全，牢牢牵着他的手。走到小区里，顺顺挣脱爷爷的手，一个人走在前面。爷爷见院子里没有车，就放心地跟在顺顺后面。

没走几步，爷爷忽然发现，前面地上有一根裸露电线。这是个老旧楼房，电线、网线、电话线密布，爷爷不知道落在地上的线带不带电。他情急之下忙喊：“顺顺，别踩那根电线。”

顺顺原本没有理会那根电线，爷爷这一喊，他却偏偏坏笑着踏上一脚。爷爷心咯噔一下，见孩子没有事，才松了一口气，却气上心头。他紧紧抓住顺顺，朝他屁股上啪啪打起来。一边打一边骂：“你这个熊孩子，叫你不要踩电线，你偏踩，今天叫你长点记性，看你以后还踩不踩？”

顺顺很调皮，爷爷越不让踩，他偏要试一试。顺顺立马号啕大哭，朝着楼上大喊：“奶奶，快来救命哇，爷爷打我！”

奶奶在楼上听到孙子求救，大吃一惊，心说：这老头子从来没有打过孩子，今天这是怎么了？急忙跑下楼，把爷孙俩拉开。

奶奶问爷爷，“平时，你总是宠着孩子，就是犯了天大的错也从不说‘不’字，今天这是怎么了，还动起手打孩子？”

爷爷把事情讲了一遍，奶奶埋怨爷爷：“这事不怨别人，就是你的不是。我不是告诉你了吗，要牵着孩子，谁让你让他自己乱跑？”

爷爷不服气，说：“我牵他一路了，这都进了院子了，还不能自己走吗？”爷爷虽然这样说，心里也后悔，不应该打孩子。

顺顺的爷爷明知打孩子不对，还是没能控制好自己的情绪。爷爷担心落在地上的电线有电，警告顺顺不要踩电线。可顺顺偏偏不听，故意往上面踩，老人盛怒之下才打了孩子。一般而言，紧急情况下，劝说孩子无效，老人很容易动怒冲动，动手打孩子，开口骂孩子。

发怒的情况下，要想办法平复自己的情绪，转移一下注意力，等心情平静下来，再和孩子好好沟通。

2. 教育子女不要打骂孩子

李爷爷李奶奶有一个星期没见到孙子天天了，心里很是想念。这个星期天，天天妈妈值班，天天爸爸说家里冰箱坏了，售后人员来修冰箱，不能送天天。爷爷奶奶没有办法，只好到儿子家看孙子，晚上给一家人做顿饭。

老两口走到儿子家门口，听到天天的哭声，嗓子都哭哑了。两人推门进屋，见儿子正在打孙子，二老非常生气。将孙子搂在怀里，数落儿子："你可越来越出息，还打上孩子了。"

天天爸爸说："这孩子就是找打，他妈妈说他牙坏了，把家里的巧克力藏起来。他翻箱倒柜找出来，吃了一大块，您说他是不是欠揍？"

天天哭诉："奶奶，我一个星期都没吃巧克力了，吃一回他就打我。"

奶奶说："天天就是做得再不对，也不能打他，你得跟他讲道理。"

爸爸说："讲道理？他得听呀。不打他没有记性。"他看了父亲一眼，说："我小时候，我爸不也是这样打我吗？怎么现在我打儿子就不对了？"

奶奶说："你爸打你，也没有把你教育多好。现在你爸想明白了，改了，不能用棍棒教育孩子，现在谁也不允许打孩子。"

爸爸说："妈，您怎么这样说我？我怎么就不好了？"

爷爷一听这话就来气了，说道："你好还用棍棒教育孩子，你就不会想想别的办法？

爷爷抱起孙子，说："天天，走，咱们去爷爷家，爷爷家没有人打你。"

通过这件事我们要领会，父母打骂孩子是不对的，老人出面制止，也要注意方式方法。否则，一方责罚，一方袒护，袒护的一方无形之中就充当了孩子的保护伞；以后孩子一旦受到责罚就会寻求老人的保护，不利于父母对孩子正常的管教。

3. 责罚孩子讲究方法

婷婷喜欢看动画片，看起来没完没了。孩子电视看多了对眼睛不好。于是姥爷给她定规矩，每天看两次，每次准不超过半小时。婷婷有个不好的习惯，如果调不到好看的动画片，就摔遥控器。她把家里的遥控器摔坏了，妈妈因此还打过她。到了姥姥家，这个毛病还是没有改。反正姥姥和姥爷不会打她，而且姥爷会修理遥控器。一次，婷婷没有调到好看的动画片，把遥控器摔得不好使了，姥爷几下就修好了，还给她买了一个冰淇淋。

有次，婷婷想看动画片《海底小纵队》，喊姥爷过来帮她调。姥爷正在卫生间，没有听见，婷婷一怒之下，把遥控器摔坏了。姥爷出了卫生间，见婷婷把遥控器的电池摔飞了，心想：这孩子太任性，我得想办法好好引导。姥爷故意将遥控器电池两极装反，当着婷婷的面调试电视，电视自然没有反应。姥爷就对婷婷说："婷婷，你把遥控器摔坏了，电视不能看了。"

婷婷说："您给我修。"

姥爷说："我修不好，得到街上维修部修。"

婷婷心急："那快去修呀。"

姥爷说："现在都晚上了，修遥控器的叔叔下班了，只有明天去修。今天不能看了。"

婷婷急哭了："那怎么办？我今天晚上看不成动画片了。"

姥爷说："婷婷，咱们记住这个教训，以后不能再摔遥控器了，好不好？"

婷婷点点头，抹着眼泪，没有吱声。

姥爷又说："不光是遥控器，什么东西咱都不能乱摔，要养成爱护东西的好习惯。"

婷婷又点点头。

婷婷犯了错误，姥爷没有像妈妈那样打骂她，也没有立刻把遥控器修好，而是想办法让她不再犯同样的错误，这是对的。孩子有过错，打骂固然不对；不闻不问，纵容孩子更是不对。要让孩子认识到错误。

责罚孩子的目的是为了教育孩子，使孩子认识到错误。东西摔坏了就无法使用，糖吃多了牙齿要坏，损坏别人的东西要赔偿。让孩子吸取教训，不犯同样的错误。培养孩子的责任感，懂得为自己的行为负责，而不是解一时之气。家长在责罚孩子时不要感情冲动，大发雷霆，采用体罚、辱骂等不尊重孩子人格的方式；也不要把陈年往事拿出来讲，把孩子说得一无是处。要就事论事，让孩子认识到自己的错误。

管教孩子，全家人要统一思想。不能有人训斥，有人放任，甚至庇护，否则就达不到教育效果。

第十八章
孩子的面子比大人重要

家长有时为了面子，不顾及孩子的面子。当着别的孩子贬低孩子，使孩子的自尊心受到挫折，从而对对方产生敌意。这种敌意会牢记在孩子心中，不易抹掉。

揭孩子短处后果严重

明明星期天住在姥姥家，睡到太阳老高才被姥姥叫醒。姥姥意外地发现，明明尿床了，把新铺的床单尿湿了。姥姥很生气，一边收拾床，一边嘟囔："明明，你以前可是从来不尿床，为什么到姥姥家就尿床？你都4岁多了，还这样没出息。你看看一起玩的小朋友还有谁尿床？我看你是越长越倒退。"姥姥一边数落明明，一边将换下的床单扔到地上，叹息说："我也不洗，等你妈妈来洗。"姥姥说完就出了卧室。

明明也不清楚自己为什么会尿床？姥姥说他，他一声没吭，坐在床上黯然落泪。

姥爷买早点回来，探头见客厅里没有明明，问姥姥："明明还没有起床？"

姥姥悄声告诉姥爷："尿床了，说他两句，在屋里抹眼泪呢。"

姥爷怕伤到了孩子的自尊心，忙朝她摆手，不叫她说话。姥爷进入卧室，故意兴高采烈地对明明说："明明，快吃饭，杂技团来了，我们一起去看表演好不好？"

明明几天前就听爸爸说有个杂技团要来，很想去看，便问姥爷："真的吗？"

姥爷说："真的，我们赶快吃饭，吃完饭就走。"

明明把尿床的事抛到了脑后，吃完早饭，收拾好东西，和姥爷一起出了家门。姥姥站在门口盯嘱姥爷："早点回来，不要给孩子买乱七八糟的东西吃。"

明明回头看了姥姥一眼，突然想起尿床的事。他对姥爷说："胡子侠，我今天办了一件错事。"明明管姥爷叫"胡子侠"，姥爷管他叫“光头侠”。

姥爷伏下身子问：“光头侠，你办什么错事了？”

明明悄声说：“我尿床了。”

“嗨，那有什么关系。可能是昨天玩得太累了。我告诉你一个秘密。”姥爷故意停顿了一下。

明明问：“什么秘密？”

姥爷说：“你爸爸6岁时也尿过床。”

“真的吗？6岁还尿床？”明明一听这话很兴奋，原来爸爸也犯过同样的错误。

姥姥收拾完屋子，进入明明卧室去取床单洗。床单明明是自己扔在地上，怎么不见了？姥姥想估计被明明姥爷扔到洗衣机里了，打开洗衣机一看，里面空空的。便给明明姥爷打电话，问：“老头子，你把床单放哪里了？”

姥爷说：“我没有碰呀。”

姥姥说：“那就奇怪了，我明明放在地上，怎么不见了？”

姥爷也觉得奇怪，他看了明明一眼，心想一定是这小子捣的鬼。对姥姥说：“我一会儿再给你打电话。”

姥爷趁明明高兴问他：“光头侠，你把床单藏哪里了？”

明明看着姥爷说：“别告诉姥姥，我把床单扔楼下了。”

姥爷给姥姥发了短信后，姥姥果然在楼下找到了床单。姥姥很生气，决定等明明回来找他算账。这时，姥姥又接到姥爷发来的一条短信：老太婆，你伤到明明自尊心了，这是你的错！

姥姥心一沉，不服气地嘟囔：“小小的孩子，哪有什么自尊心？”可她还是听从了老伴的劝说，没有再当明明的面提起这件事儿。从此，她说话注意多了，不再训斥明明，有事多用商量的口吻。明明也愿意跟姥姥玩了，还给姥姥起了一个外号，叫“胖女侠”。

尿床是件让人害羞、难堪的事，姥姥这样说明明，叫他很难为情。明明这么大孩子尿床一般是有原因的，或是头天晚上玩得太累，或是身体不舒服等。姥姥不问青红皂白地批评明明显然是不对的。

当外人面别揭孩子的底

亮亮奶奶与齐齐姥姥是老朋友，两位老人喜欢把孩子带到一起玩。一边聊天、一边照看孩子。

亮亮和齐齐都四岁半，亮亮比齐齐活泼。俩人一起玩沙子，齐齐蹲在地上堆城堡。亮亮堆了一会儿，站起来扬沙子。口中嚷道：“下雨了，下雨了。”齐齐被扬了一脸沙子，很生气，到姥姥面前告状。

亮亮奶奶听齐齐说完，过来教训亮亮：“你这孩子，淘得没有边了。在家，把玩具扔得满地都是，自己不知道收拾。你看人家齐齐多懂事，玩什么像什么。你这孩子真是欠揍，叫你爸爸晚上回来收拾你。快给齐齐道歉。”亮亮见奶奶这样数落他，小嘴顿时噘起来，坐到一边生闷气。

齐齐姥姥听亮亮奶奶这样教训孙子，心中过意不去，忙过来劝阻。齐齐姥姥说：“你可别这样说孩子，咱家齐齐是蔫淘，比亮亮淘多了。把他爸手机扔到地上，摔坏了，花了1000多元才修好。”

齐齐听到这话不高兴，反问姥姥：“我爸都说是他自己不小心，您凭什么要说我？你说谁蔫淘？姥姥您坏。”

第二天，亮亮奶奶和齐齐姥姥又带两个孩子来公园玩，可亮亮不跟齐齐玩，齐齐也不愿意跟亮亮玩，两人谁也不理谁。这叫两位老人很是不解。

亮亮和齐齐原本是好朋友，两人为什么不愿意在一起玩了？

原因在于亮亮奶奶不应揭亮亮的“老底”，更不应该将亮亮和齐齐做比较，这让亮亮觉得很没面子。而齐齐姥姥也不应当着亮亮奶奶和亮亮的面，揭齐齐的底，这令齐齐大为不满。孩子间有些小矛盾、小摩擦是常见的事，一转身就会烟消云散，和好如初。倒是一些老人为了面子不顾及孩子的感受，容易伤到孩子的自尊心。

孩子也会破罐子破摔

小强的爸爸妈妈去了外地，这两个月小强住在奶奶家，和奶奶一起生活。

小强这两个月的表现不太好，幼儿园老师找奶奶谈了两次。这叫奶奶很是着急，又没有什么好办法。回家就和小强爷爷诉起苦来：

“你说小强这是怎么了？刚才老师告诉我，小强在幼儿园上课不听讲，引逗同学；午睡不睡觉，还摇床，影响别的小朋友休息。回到家里，对什么都不感兴趣，就是看电视。我说他，他当耳旁风，一副无所谓的样子，说急了就跟你哭闹。他以前可不是这样，唉，孩子明年就要上小学了，这个样子怎么能行？他爸爸妈妈回来，怎么向他们交代？真是愁死我了。真搞不懂，这么小的孩子就知道破罐子破摔，不想好了。你说，问题究竟出在什么地方？”

爷爷想了想，对小强奶奶说：“问题出在哪儿，我看问题就出在咱大人身上。你想一想，你是不是有些太心急了？”

小强奶奶说：“心急那是自然的。人家爸妈把孩子交给我，样样怕落在别的孩子后头，能不急吗？可越是心急，孩子越不争气。早知道这样，我就不给他们带这个孩子了。”

爷爷说：“我看小强的表现就跟你的心急焦虑有关。你成天担心这个怕那个，什么事情都着急。成天数落孩子，这做得不好、那又做得不对，拿小强跟别的孩子来比，结果把孩子叨叨成这个样子。”

小强奶奶不解：“我叨叨能叨叨成这个样子？我要是不说他还不反天了？”

爷爷说：“你整天叨叨，孩子的自尊心受到伤害，对自己失去信心，于是就‘破罐子破摔’。我们不如换个法子试试，别一味批评孩子，特别是当着别人的面说孩子如何不好，要多表扬、多鼓励。人家不常说，好孩子是夸出来的嘛。”

小强奶奶觉得有些道理，于是不再叨叨小强的不是，不时鼓励他。在一些无关紧要的事情上，充分尊重他自己的选择，不再过多干涉。一个月过去，幼儿园老师反映，小强进步很快。

育儿建议

1. 给足孩子面子

孩子也有自尊心，孩子自尊心各个阶段的表现也是不一样的。

孩子的面子比成人更需要照顾，因为孩子自我调解能力差，不会调整自己的思想情绪，容易走向极端，做出荒唐的事情。

家长对待孩子，要像对待成人一样，尊重其人格。不要以为孩子小便口无遮拦，随意数落、讽刺，甚至打骂，不给孩子留面子。这样会严重伤害孩子自尊心，产生不良后果。教育学家陶行知说：“人人都说小孩小，小孩人小心不小。你若以为小孩小，你比小孩还要小。”

2. 克服爱唠叨的毛病

一些老人有爱唠叨，这是生理规律，晚辈应多给予谅解。带孩子的老人应该注意，在孩子面前尽量控制好情绪，克服爱唠叨的毛病，以免给孩子带来负面影响。孩子犯了错误，做错事情，袒护、纵容、不闻不问，固然不对；但没完没了地指责，容易给孩子留下心理阴影。批评孩子应点到为止，不能没完没了。家长过多地指责，易使孩子感觉到无助、不知所措，甚至会走极端。

3. 批评孩子讲究策略

首先，尊重孩子，保护其自尊心不受伤害。无视孩子的人格和自尊心会对孩子的成长造成伤害，挫伤其信心，从而变得自卑。溺爱孩子固然不对，但对孩子缺乏爱心和耐心，横加指责更为不妥。要站在孩子的立场上考虑，客观分析导致问题的原因及如何解决这些问题。要以平等的姿态与孩子交流，只有这样，孩子才懂得自爱，也才能懂得尊重别人。

其次，批评孩子要注意时间和场合。不要在外人面前、公开场合批评孩子，让孩子下不来台，要懂得给孩子留面子。

每个孩子都有好胜心，不希望输给别人。孩子一般都很在意家人的赞扬，特别是在公开场合，表扬别人贬低自己会给孩子很大的打击，家长应引以为戒。

老人不要当着孩子的面向孩子父母说孩子；同样，父母也不要当孩子的面向老人说孩子的毛病。尽量不要在吃饭、睡觉时间批评孩子，会影响孩子的食欲和睡眠质量，不利于孩子的健康成长。

最后，批评孩子要合理。家长不能过于武断、想当然，要认真倾听孩子的心声。批评要有针对性，就事论事，别新账老账一起算。

要心平气和地讲道理，通过批评进一步密切亲子关系，让孩子在和谐的家庭氛围中健康成长。

4. 夸奖比批评更有效

对待孩子，应以表扬为主、批评为辅。表扬要适度，批评要恰当，讲究方式和方法。多半时候，夸奖远比批评好用。

好孩子是夸出来的，表扬和夸奖可以增强孩子的自信心。当孩子表现不能令家长和老师满意，这个时候家长老师如果一味批评，甚至责骂，只会使孩子找不到出路而“破罐子破摔”。家长应多给予孩子以鼓励，发现和表扬他们的长处和优点，让孩子发现自身的长处，给其战胜困难和改正错误的勇气。

第十九章
孩子并非天生孤僻不合群

开放的环境能培养孩子随和友爱的脾性，而长期在封闭环境中的孩子易变得孤僻、不合群。孤僻不合群会影响孩子健康成长，影响其与他人正常交往及人际关系的处理，从而难以融入社会。

闷在家里的孩子容易孤僻

刘园长给晨晨妈打电话，说有事情跟她谈。晨晨妈比往常提前半小时来到幼儿园。

刘园长对晨晨妈说："我想跟您谈谈晨晨的情况。晨晨这孩子进幼儿园有一个多星期了，可还是不太适应。每天入园就往角落里一坐，虽说不哭不闹，可谁也不理，和小朋友玩不到一起。老师看见她这个样子，主动上前跟她说话，逗她开心。可孩子对老师也不理不睬。除吃饭，其余时间都一个人独自待在一边。"

晨晨妈心急地打断刘园长的话，说："您说得没有错，这孩子在家里也是这样，我也不知道问题出在哪里。我担心她得了什么病，带她到医院做检查，也没有查出什么问题，这可怎么办呢？"

刘园长笑着说："问题没有你说得那么严重。我找您就是想一起找找原因，然后有针对性地纠正她这个问题。"

晨晨妈叹了口气，说："这都怨我们家长。我和晨晨爸爸工作都很忙，平时只有年迈的奶奶在家。我们家住在高层，奶奶担心孩子的安全，很少带孩子到户外活动。后来，我们发现孩子越来越孤僻，就把她送到幼儿园来了。"

刘园长点头说："和我猜想的差不多。孩子与外界接触太少，不能满足孩子好动的天性，限制了孩子身心协调发展，孩子性格就会越来越内向。这样吧，我们共同努力，多给她创造接触外界的机会，争取尽快纠正她这个问题。"

孩子孤僻不合群，虽然与先天气质有一定关系，更主要的还是受后天环境影响。开放的环境有利于孩子形成随和乐观的性格，长期处于封闭环境中的孩子易孤僻不合群。晨晨爸爸妈妈忙于工作，无暇顾及孩子，把孩子交给年迈的奶奶。奶奶担心孩子在外面受欺负不安全，就把孩子关在家里。孩子很少与外界接触，自然对陌生环境和生人有抵触恐惧心理，从而易形成孤僻不合群的性格。

孤僻不合群，会影响孩子的学习成长，难以应对正常社会交往和人际关系的处理。

霸道的孩子不合群

晨晨妈和刘园长还没有交谈完，溜溜妈进来了。晨晨妈妈问溜溜妈："怎么，儿子又惹祸了？"

溜溜妈没有说话，叹了口气。

刘园长说："既然你们都熟悉，就坐下来一起聊聊吧。"

溜溜妈忧心忡忡地对刘园长说："园长，你说我这孩子可怎么办？我快愁死了。"溜溜妈说着话，从包中取出一个玩具铅笔刀。

原来，溜溜抢了小朋友的玩具铅笔刀，小朋友管他要，他不给；老师说他，他居然把铅笔刀给摔坏了。

刘园长说："两个孩子都有点孤僻不合群，可具体表现形式又不一样。晨晨沉默寡言，不和小朋友玩，也不与其他小朋友争执；溜溜呢，常欺负别的小朋友，爱捣乱。说得直白一点，就是溜溜有点霸道，小朋友不愿意跟他玩。不瞒你说，我这儿时常有家长来告状，叫把你儿子调走。"

溜溜妈叹息说："我不护孩子，我知道孩子的毛病。孩子入园前一直由我父母照看，都是他们给宠的。园长您多费心，帮孩子改掉这个坏毛病。"

刘园长点头，说："纠正溜溜的问题，得靠幼儿园和家长双方共同努力。"

霸道的孩子爱捣乱、惹是生非，不能融于集体之中。孩子养成这种习惯是由于家长过于溺爱孩子，一味袒护孩子、迁就孩子，从而使孩子养成了任性霸道个性。

不良的家庭环境会使孩子变孤僻

莲莲三岁半还没有上幼儿园，这可急坏了奶奶。莲莲和别的孩子不一样，妈妈在她两岁时离家出走，把她留给了爸爸。爸爸有一段时间没有工作，心情不好，没有心思陪她，莲莲就一个人在家里玩。莲莲见小区里小朋友玩得非常开心，就跟爸爸嚷嚷要出去玩，可爸爸不带他出去，还时常训斥她。

莲莲慢慢变得孤僻，沉默寡言。后来爸爸找到了工作，把莲莲送到了奶奶家。奶奶待她很好，莲莲开心多了，每天黏着奶奶。奶奶走到哪里她就跟到哪里，只愿意跟着奶奶，不愿意跟别的孩子玩。奶奶见同龄的孩子都上幼儿园了，就把她送到了幼儿园。莲莲进入幼儿园，整天沉默不语，很不合群。老师问她为什么？她说要回家找奶奶。莲莲去了三天幼儿园就生病了，之后，奶奶再也没有送她去幼儿园。

如果父母不顾及孩子的感受，经常当着孩子的面吵架或打架，孩子担惊受怕，缺乏安全感，时间久了就容易变得孤僻。一些单亲家庭，孩子缺少父母关爱，享受不到家庭温暖，幼小的心灵过早体验与年龄不相称的焦虑；从而将自己封闭起来，不愿意与外界接触。

育儿建议

赵子晴在幼儿园是个阳光、随和、乐于助人的小女孩，在小朋友中很有人缘，大家都愿意和她一起玩。刘园长针对园里有的孩子孤僻不合群的问题，召开了一次座谈会，请赵子晴的奶奶介绍经验。

赵奶奶谦虚地说：“我可没有什么经验，就说说我们是怎么带赵子晴的吧。赵子晴上幼儿园之前主要是由我和她爷爷带，上幼儿园之后也时常住在我们这。我和老伴与子晴的爸爸妈妈之间非常和睦，有什么事都是和和气气地商量，从不在孩子面前争吵，也不与孩子大喊大叫。一家人快快乐乐，让孩子感受到家庭温暖，孩子也很少跟我们哭闹。

孩子虽然由我们带，可我们对孩子的事情从不大包大揽，孩子爸爸妈妈工作再忙，也会抽时间陪孩子，带孩子去公园，参加亲子活动。孩子跟着父母在一起可开心了，这是隔代人代替不了的。

平时，我们很少把孩子单独关在家里，基本上每天都带她到外边和小朋友们一起玩，或者带她去串门，请小朋友们到家里来玩。我们从不限制子晴与其他孩子之间的交往，孩子有了矛盾，教育孩子要懂得谦让；孩子有什么委屈，我们耐心给她讲道理，多给孩子鼓励。

有一次，子晴和一个小朋友玩球，对方把球扔到她脸上，疼得流眼泪。那个孩子吓跑了，他奶奶过来道歉。我看了看子晴的眼睛，没有什么大碍。就告诉孩子奶奶，没有事，不要说孩子。我把子晴带到一边，慢慢地开导她，我说：‘子晴，你看，那小朋友害怕了，他也不是故意的，以后大家多注意就行了。’子晴想了想，点点头说：‘好吧，他不是故意的，我也会小心的。’

子晴有很多朋友，有比她大也有比她小的，都玩得很好。

所以，我想孩子不合群，是不是应该多在家长和环境影响方面查找原因。”

赵奶奶的经验给了我们以下启示：

1. 改善家庭成员间关系

给孩子创造良好的生活环境。孩子的父母及祖辈不要当着孩子面吵闹。孩子做错什么事情，不要训斥、辱骂、殴打孩子。在良好的家庭环境中，孩子才能保持愉悦的心情、良好的心态，性格才会开朗。

2. 拓宽孩子活动范围

多带孩子进行户外活动，让孩子从狭小的空间中走出来。鼓励孩子参加其喜爱的文体活动。让孩子在有趣、有意义的集体活动中，逐渐消除戒备和恐惧心理，从内心感受到友谊带来的快乐。刚开始孩子也许会不适应，家长可以陪伴一旁，让其渐渐适应，感受快乐。

3. 让孩子学会交朋友

孩子生活中应有两个世界，一个是包括父母等亲人在内的成人世界，另一个是同伴世界。同伴世界在儿童人格塑造和社会性发展中发挥着成人无可替代的独特作用。不合群的孩子朋友少，会影响孩子的发育和健康成长。有些调皮捣蛋的孩子，看似活泼，其实内心并不快乐，他们往往很孤独。家长和幼儿园老师要耐心引导孩子，努力为其创造适宜伙伴关系建立的条件。帮助他们协调与同龄小伙伴的关系，让其学会尊重小伙伴，加强团结合作。

4. 正确处理孩子间的矛盾和冲突

孩子与小伙伴交往过程中，难免会发生矛盾和摩擦，家长不能一味袒护孩子。切不可不分对错，一味指责别的孩子，甚至把孩子间的矛盾演化成成人间的矛盾。引导孩子原谅别人，改正错误。如此，才能使其成为一个受大家欢迎的孩子。

第二十章
孩子自私不能只埋怨孩子

防微杜渐，从小抓起，从小事抓起。一旦发现孩子有不良行为，家长要及时加以制止，不能放任自流。坏习惯一旦成为顽疾，改起来相当困难，事倍功半。

“自私”是孩子成长过程中的阶段表现

邱姥姥要带外孙女晶晶到钟姥姥家做客。邱姥姥的外孙女和钟姥姥的外孙女同岁，都是三岁半。为迎接客人的到来，钟姥姥特意和外孙女月月商量了好一阵子。姥姥对月月说：“月月，一会儿邱姥姥和小妹妹晶晶来我们家做客，你要和小妹妹一起玩，好不好？”

月月点点头，痛快地应下：“好哇，姥姥，她们怎么还不来呢？”

姥姥说：“她们一会儿就来，咱们先把玩具摆出来。小妹妹家里没有这么多好玩的玩具，她一定会很喜欢。”

月月低下头，没有吱声。姥姥看出外孙女的心思，说：“就让小妹妹玩一会儿，玩具还是你的，他们不会带走。”

月月听到姥姥这么说，爽快地答应道：“好吧，让他们随便玩。”月月从玩具箱中将玩具一件一件拿出来，摆在地板上。

晶晶和姥姥刚进客厅，见地板上摆满玩具，很是兴奋，抱起一个娃娃玩了起来。月月见晶晶抱自己的娃娃，立即上去夺：“这是我的娃娃，还给我。”晶晶一边躲闪，一边说：“让我玩一会儿，让我玩一会儿。”

两人又吵又闹，惊动了两位老人。钟姥姥立刻上前去拉月月，对她说：“月月，咱们刚才不是说好了吗？小妹妹来咱们家做客，是客人，玩具要让给客人玩。”

月月的眼泪唰地落下来，摇头说：“不嘛，这是我的玩具，不让她玩。”钟姥姥十分尴尬，训斥外孙女：“你这孩子太自私了。自己玩有什么意思，玩具就是要大家一起分享。”月月受到姥姥的批评，哭得更加厉害。

孩子从有自主意识开始，便进入了一个建构自我的过程中。这个阶段的孩子很“自私”，家中所有的玩具、食物，统统都是他的，不允许别人随便动用。自己的玩具只能自己玩，不愿意与别人分享。孩子这个阶段的“自私”是成长过程中的正常反应，不必大惊小怪，更不能强行纠正。家长要正确区分哪些行为是孩子成长阶段中的正常表现，哪些行为是需要引导纠正的不当行为，不应轻易给孩子戴上自私的帽子。

自私孩子是宠出来的

某住宅小区新安装了一个儿童滑梯，吸引了许多小朋友。大家有秩序地排队，依次上滑梯。可林林不管这一套，跑到前边就要插队，其他小朋友见状，将他拦住，斥责他：“不能插队，到后面排队去。”林林蛮横地说：“不，我就要先上。”说着就往上挤。林林奶奶跟在后面，见孙子心急火燎的样子，便央求前面的小朋友：“求求你们，让我家林林先上，就这一次。”小朋友们于是让开路，让林林先上。林林滑了一次，又跑到最前边去，还要滑，这回小朋友们不干了。奶奶无奈地拉林林，说：“小祖宗，咱们玩别的去吧，我跟你丢不起这个脸。”

林林的奶奶本应教育林林遵守游戏规则，像其他小朋友一样排队，有秩序地上下滑梯。可她没有这样做，而是央求前面的小朋友让林林先上，这就助长了林林的自私心理。孩子不遵守规则，不懂得与人分享，如果不加以纠正，任其发展下去，终将会影响孩子的成长。

所以，当家长在抱怨孩子自私时，首先要自我检讨一下，看看自己的言行对孩子产生了哪些影响。

成人的自私心理会传染给孩子

曲春带女儿小雪坐公交车去姥姥家。公交车上人很多，没有人给小雪让座，曲春心里很不痛快。

小雪今年5岁多，说大不大，说小不小。曲春每次带她坐公交车总会有人让座，可这次不知怎么了。小雪不高兴地蹲在地上，曲春也跟着蹲下，悄声问她："小雪，累了吗？"

小雪说："我腿麻。妈妈，咱们下车打出租吧。"

这刚上车，怎么会腿麻呢？曲春心知女儿这是不高兴了。便说："咱们再坚持一会儿，一会儿就有人下车。"小雪没有吭声。车过了一站，有人下车，小雪身边的人招呼小雪说："小朋友，那有个座位，去坐吧。"曲春忙说："谢谢。"

到了姥姥家，姥姥见小雪闷闷不乐，便问女儿小雪怎么了。曲春想起坐公交车的事，对母亲发起牢骚："您说这一车人都什么素质，就不知给孩子让个座？小雪都站不住了，蹲在地上，那些人装作没看见。真是太差劲。"

曲春说个没完，母亲打断她的话，说："你这样说话是错误的，每个人都有不同的情况，为什么人家一定要给你让座？你在给孩子灌输什么思想？"

曲春不服气，问母亲："那我应该怎么说？"

姥姥拉过小雪的手，和蔼地说："小雪，你知道那些人为什么没有给你让座吗？"

小雪摇摇头。

姥姥说："因为你已经长大了，不再是小孩子了，不需要别人的特殊照顾。车上的人工作了一天，都很疲劳，更需要座位休息一会儿，你说是不是?”

小雪歪着头想了想，说：“姥姥，您说得很对，我明年就要上学了，不应该再叫别人给我让座。以后我还要给别人让座。”

姥姥笑着点头：“小雪真的长大了。”

曲春听罢母亲这番话，也觉得很有道理。

小雪习惯于别人为她让座，而妈妈的抱怨使她倍感委屈。

育儿建议

1. 为孩子做好榜样

家长的一言一行直接影响到孩子。两个孩子抢一个玩具动起手来，一个孩子被另一个孩子推倒。被推倒孩子的奶奶上来就数落他：“你怎么这样笨？他推你，你就不会还手打他?”一个小朋友摔倒了，另一个孩子要上前去扶，姥姥拦住说，“别去，跟我们没有关系，别管闲事。”类似这样的言行会对孩子产生负面影响，会助长孩子的自私心理。

家长是孩子的镜子，只有富有爱心的家长才能培养出富有爱心的孩子。如果家长贪图私利，斤斤计较，必然会影响到孩子。家长要以身作则，孩子自然会以家长为榜样。家庭成员之间互相关心、夫妻间相互体贴，温馨的家庭氛围中有助于培养孩子爱心。如果孩子常处在恐惧、忧郁和仇视的环境里，很容易变得冷漠而自私。

2. 从小抓起，防微杜渐

从小抓起，从小事抓起；勿以恶小而为之，勿以善小而不为。一旦发现孩子有不良行为，家长要及时加以制止，切不可放任自流。

坏习惯一旦养成，改起来相当困难。

“我在马路边，捡到一分钱，把它交到警察叔叔手里边……”这首耳熟能详的童谣影响了几代人。文艺作品的教育作用不可小觑。家长可充分利用儿歌、故事成影视作品，对孩子进行潜移默化地教育。

家长要耐心地向孩子讲道理，增强其辨别是非、判断对错的能力。

3. 让孩子在分享中得到快乐

面对孩子的自私行为，简单的批评指责，只会伤害孩子的自尊心，甚至让其产生抵触情绪。不如加以正确引导，让孩子学会分享。有研究表明，一岁以内的婴儿就会出现分享行为，儿童的分享行为随着年龄的增长而逐渐增多。

晶晶与月月两个孩子争夺玩具，月月姥姥训斥月月，晶晶姥姥拦住月月姥姥，说：“你别这样说孩子，这个年龄段的孩子都是这个样子，护东西。”晶晶姥姥拉开双肩包，一边往外掏玩具，一边跟外孙女商量：“晶晶，让小姐姐玩你的玩具，你玩小姐姐的玩具，你俩交换着玩，好不好啊？”

晶晶眼巴巴地瞅着月月怀中的娃娃，觉得姥姥这个主意不错，便爽快地说：“好吧。”她拿起自己的娃娃玩具递给月月，说：“给，你玩我的。”

月月从没有见过这么好看的娃娃，止住哭声，把自己手中的娃娃递给晶晶。

月月姥姥对晶晶姥姥说道：“瞧，你家晶晶比月月懂事多了。”

晶晶姥姥说：“孩子这种行为很正常，别责怪孩子，孩子通过交换可以体验到分享的快乐。”

日常生活中，家长要给孩子做分享示范。比如，可以拿出一个苹果，对孩子说："这个苹果很好吃，大家分享一下。"次数多了，孩子也会模仿家长，学会分享。

4. 给孩子锻炼的机会

为给孩子提供锻炼的机会，家长应鼓励孩子独立做一些力所能及的事情。例如，打扫自己的房间，分发碗筷，收拾餐桌等。让孩子感受劳动的成就和喜悦，让孩子在劳动中得到锻炼，学会尊重他人的劳动成果。给予孩子帮助别人的机会，如给老人让座等，并不失时机地加以赞扬。尽管事情很小，却可以让孩子在帮助别人的过程中体验快乐。

第二十一章
困扰孩子的敏感多疑

敏感多疑的孩子往往固执己见。喜欢拼凑生活中无关的事情，并加以放大。无中生有地想像，不但影响人际关系，而且会影响对自己的正确评估，应尽早加以引导。

大人的玩笑话孩子也会当真

莉莉是个认死理的孩子，敏感多疑，常常把别人的一句玩笑话当真。因此，姥姥从来不与孩子说谎，开玩笑也十分注意。一次，住在外地的莉莉奶奶生病住院了，莉莉的爸爸妈妈请假去探望，因为走得急，没有告诉莉莉。有一个邻居阿姨逗她："莉莉，你爸妈到外地玩去了，怎么没有带你呀?"

莉莉信以为真，对姥姥说："以前爸爸妈妈说过，我们一家三口要去旅游，可他们为什么不带我？是不是不要我了?"

姥姥跟莉莉解释："莉莉，姥姥不是跟你说了吗，爸爸妈妈去看奶奶，奶奶生病了，过几天就回来。"

莉莉不相信姥姥的话，哭闹着说："他们就是旅游去了，不要我了。"

姥姥无论怎么哄都无济于事，想了想，说："我们现在就给爸爸妈妈打电话。"

姥姥让妈妈在电话里向莉莉解释，可妈妈解释半天莉莉还是不相信。妈妈说："莉莉，你先吃饭，一会儿我和爸爸与你视频，你就能看到爸爸妈妈在哪里了。"

莉莉嚷着说："不，我现在就要视频。"

妈妈没有办法，通过手机视频，让莉莉看在医院里的爸爸，还有在病床上躺着的奶奶。莉莉这才相信爸爸妈妈没有去旅游，真的在医院照顾奶奶，这才放心。

孩子很单纯，往往一句不经意的玩笑话就会信以为真。以下场景生活中会经常碰到：一位邻居逗隔壁孩子，"怎么不见你爸爸带你出来玩?"孩子回答："爸爸出差了，过一个星期才能回来。"邻居摇头说："不对吧，听说你爸爸跑了，不要你了。"孩子生气地说："你胡说，我爸爸亲口跟我说的。"小孩子见那叔叔还在摇头，便信以为真，急哭了。对孩子开这类玩笑，有害而无益。只会增加孩子的恐惧感，使他们变得敏感而多疑。

经常被吓唬的孩子易多疑

流流生病了，住了几天医院，今天妈妈才送他上幼儿园。

流流走到幼儿园大门口，不再往里走，扑在妈妈怀里不动弹。妈妈感觉到流流的身子在发抖，口中喃喃地说："妈妈，我要回家，我要回家。"妈妈问流流："你怎么了，为什么要回家?"

流流贴在妈妈怀中说："我害怕。"

妈妈不解地问他："你怕什么?"

我怕老唐。

妈妈更加奇怪，问："谁是老唐?"

流流闭着眼睛说：那个人就是老唐。

妈妈抬头见院子里站着一位穿着保安服装的胖老头。妈妈不解，流流为什么会怕他呢? 妈妈说："流流，那个爷爷是幼儿园的门卫，是保护小朋友的，我们不用怕他。"

流流摇头："他不是保护小朋友的，是老唐。"

妈妈将流流抱起来，说："来，妈妈抱你进去，咱不怕。"

流流哇地痛哭起来。

幼儿园张老师迎了上来，问："流流怎么了? 你好几天没来，小朋友都想你了。"张老师接过流流，给他擦眼泪。

流流妈将刚才的事讲给张老师。

张老师笑着说："那个门卫师傅姓张不姓唐。流流生病那几天新来的，人很和善。”

流流妈说：“这孩子可能是被吓着了，这两天夜里总做梦说梦话，嚷嚷害怕。我把他抱回去，我们明天再来。”

流流妈将流流送回姥姥家。路上，经过一个超市，流流妈想带流流进去给他买些吃的，可流流到了超市门口又不进了。妈妈心里好奇，问他：“流流，你怎么了？”

流流害怕地说：“妈妈，那人也是老唐。”

妈妈抬头见超市门前站着一个穿制服的保安。妈妈没有再坚持，带流流来到姥姥家。

流流妈向母亲说起流流的事。

流流姥姥一听，便想起一件事：流流住院时，害怕打针，一打点滴就哭闹。邻床小朋友的姥姥吓唬流流：“不许哭，再哭老唐就把你抱走。”她指着床边坐着的穿着保安制服的老伴，她老伴姓唐。老唐接过老伴的话，对流流吹胡子瞪眼睛，说：“我是专门管那些不听话的小孩子的。你要是再哭，我就把你抱走，叫你再也找不到家。”

流流一听这话，果然不哭，乖乖地让护士打针。姥姥虽然知道他们吓唬孩子的办法不妥，可人家也是好意，不便多说什么，没想到给孩子留下了心理阴影。流流妈和姥姥分析，一定是流流错把穿保安制服的人都当成老唐，所以见到保安就紧张害怕。

孩子调皮、任性、不听话，一些家长会经常吓唬孩子。“再不听话，叫警察来抓你”“门口有只大灰狼，专门找不听话的孩子”“你再哭，老虎听见就会来吃你”“你再到处乱跑，就会碰到坏人，坏人专门偷孩子”类似吓唬孩子的话。虽会管用一时，却会给孩子造成心理负担，容易导致孩子做噩梦、睡不好觉，危害身心健康。长久以往会导致孩子胆小怕事，敏感多疑。

自卑的孩子敏感多疑

春春是个性格内向的女孩子，刚上小学一年级。在学校，她发觉同学们都不太愿意理睬她，背后总是指指点点，像是在说她的坏话。春春因此总是郁郁寡欢，学习成绩也不好。班主任李老师找她谈话春春总觉得有人向老师告她的状，更加紧张，下了课，索性连教室也不出。李老师不知原因出在哪里，找春春的妈妈了解情况。

春春的妈妈对老师说了实话：她和春春的爸爸感情不和，一年前就离婚了，春春一直跟自己生活。春春无法接受这个现实，害怕别人问起爸爸，变得很自卑，敏感多疑。不愿意跟妈妈出门，害怕与小朋友接触，担心大家嫌弃她。

李老师对春春妈妈说："根源找到了，我们就有了努力的方向。当务之急是帮助春春走出自卑的阴影，让她振作起来。孩子心情愉快，敏感多疑的毛病就会改掉。您最好跟春春的爸爸好好谈一谈，让他对孩子多关心一点；或者您让他来学校找我也可以，我跟他好好谈一谈。"

春春妈妈听了李老师的话很高兴，说："那可太好了，我让他有时间到学校来一趟，您说话他能听。"

孩子特别是单亲家庭的孩子，缺乏关心照顾，缺乏安全感，容易产生自卑心理。这些孩子缺乏自信，自认为不如别人，不愿与人交往。敏感多疑，很在乎别人的评价和议论，难以接受别人的批评。

自负的孩子容易敏感多疑

秋秋喜欢跳舞，姥姥送她到舞蹈班学了两个月，进步很快，家人都夸她跳得好。小区里的孩子没有能比得过她的，秋秋洋洋得意。

一天，姥姥带秋秋参加一个朋友的婚礼，恰巧一位同事将她外孙女兰兰也带来了。两个孩子一起说说笑笑，很是开心。兰兰与秋秋同龄，还是一个月出生的，秋秋比兰兰大五天。席间，有人提议，请秋秋和兰兰各表演一个节目。大家觉得这个提议很好，鼓掌欢迎。

秋秋是小姐姐，先跳了一段刚刚学会的舞蹈。大家称赞秋秋跳得不错，给她鼓掌。接着兰兰表演节目，兰兰也跳了一段舞，与秋秋跳得一样好。

秋秋觉得大家给兰兰的掌声比自己的还要热烈，心里不舒服。秋秋噘起嘴巴，跟姥姥嚷嚷着要回家。大家莫名其妙，这孩子玩得好好的，为什么忽然间生起气来？只有秋秋姥姥明白孩子的小心思，秋秋怀疑大家喜欢兰兰，不喜欢她。姥姥忙替外孙女遮掩，对大家说："孩子有点不舒服，我们先走了。"

秋秋认为自己是最棒的，所以很高兴展现才艺。没想到兰兰更受大家欢迎，她无法接受。所以不愿意和兰兰一起玩了。

秋秋的自负心理是被宠出来的。围绕她的都是家长的夸奖和溢美之词，时间长了孩子就听不到半点不同意见。自负的孩子内心像蛋壳一样脆弱，敏感多疑；稍遇不顺心的事情，就会产生过激反应。

育儿建议

敏感多疑是一种心理困扰。敏感多疑的孩子，对周围十分敏感，往往固执己见。喜欢把生活中无关的事情进行拼凑，并加以放大，无中生有地想象。不但影响人际交往，还难以正确评估自己，应尽早加以引导。

1. 不对孩子撒谎

对孩子撒谎，不说明事情真相，容易引起孩子猜疑。家长应与孩子坦诚相见，不说谎话。孩子相信家长，家长相信孩子，彼此之间相互信任，有利于培养孩子诚实守信的品质。

2. 不吓唬孩子

孩子敏感多疑，多少与其家长有关。家长过度担心孩子的安全、健康，常常与孩子说些言过其实的话，会给孩子心理留下阴影。对于胆小怕事、敏感多疑的孩子，父母要多给予关爱，与孩子多沟通交流，多给予鼓励，而不是打骂和责罚。

3. 为孩子创造良好的生活环境

家庭变故或不和谐，会给孩子很大打击，使孩子变得敏感而多疑。家长要以孩子的身心健康为重，让孩子在温暖和睦的家庭环境中健康成长。

4. 培养孩子的自信心

一般而言，自信心强的孩子，心胸较为豁达，不会太计较别人的评价；而敏感多疑的孩子在困难面前则顾虑较多，很在乎别人的看法和评价。因此，要多给予孩子鼓励，帮助他们战胜困难，培养其自信心。

5. 对孩子进行适当的挫折教育

过于得宠溺孩子，往往独立性差，依赖性强，意志脆弱，容易从自负而走向自卑。日常生活中，让孩子适当尝试一些小挫折可以锻炼其意志力。可以给孩子制造一些小麻烦，让其碰一些钉子，经历一些小挫折。帮助孩子学会调节情绪，战胜困难，从挫折中站起来。

第二十二章 孩子为什么喜欢恶作剧

喜欢恶作剧的孩子往往很聪明，善于动脑，这与思想品德无关；但如果任由其自由发展，易使孩子养成不良行为习惯，应予以重视。

孩子恶作剧多半是觉得好玩

梅奶奶带孙子强强逛街回家，准备给孙子做蛋糕。她拿出新买的一小袋面粉，用剪刀将袋口剪开。刚要进厨房和面，手机在卧室里急促地响起。她便将面袋放在餐桌上，急匆匆进里屋接电话。梅奶奶接完电话出来后，大吃一惊，她那一整袋面粉，全部被强强扬在地上。强强正兴致勃勃地躺在上面打滚，弄得满脸身都是面粉。梅奶奶气得直跺脚，心疼地说："祖宗，你这是在干什么？"

强强嬉笑着抓起地板上的面粉，向上扬去，口中嚷着："下雪了，下雪了。奶奶，快给我找小铲子，我要堆雪人。"

梅奶奶怒不可遏，本想打他两巴掌，可转念一想：孩子不懂事，瞧他玩得这么开心，怎么忍心破坏他的好心情呢？于是说："那好吧，我俩就玩堆雪人。"

梅奶奶找来玩具小铲子，递给强强。可是，强强怎么也堆不起来，他心急地把铲子递给奶奶，叫奶奶帮他堆。

梅奶奶接过铲子，把面粉往一起拢，对强强说："奶奶也堆不成。强强，这是面粉不是雪，是奶奶用来做好吃的蛋糕的。现在这些面粉脏了，也做不成蛋糕了。来，我俩一起把'雪场'打扫干净，玩别的游戏吧。"

强强听奶奶这样说，心知自己错了，忙和奶奶一起收拾面粉。

四五岁的孩子，想象力和创造力日益丰富，喜欢标新立异，做些我们意想不到的事情。这是孩子的天性，我们应该像梅奶奶那样，予以理解和引导，不要横加指责、打骂。

孩子喜欢做恶作剧，常有以下几种原因：

第一，好玩。如强强，见到面粉，联想到冬天的雪花。所以将面粉扬得满地都是，还让奶奶给他取铲子，堆雪人。孩子没觉得这样做有什么不好，也不是有意与家长过不去，只是觉得好玩。有的孩子故意将房间搞得乱七八糟，东西放得颠三倒四，把墙涂成五颜六色，就是为看到家长吃惊的样子。

第二，好奇心。孩子有强烈的好奇心，对新鲜事物十分感兴趣。他们常常别出心裁，甚至将新买的玩具摔坏，就是为了看个究竟。

第三，引人注意。孩子喜欢别人围着他转。有些小朋友喜欢上课时做鬼脸儿、出怪声，吸引全班人注意力。有时为了引起家长的注意，孩子也会做出某些夸张的表情。

第四，报复心理。家长没有满足孩子的要求和愿望，或受到批评，心中不满。为了报复，孩子也会想出各种匪夷所思的花样“回敬”，发泄不满情绪。例如，强强在幼儿园淘气，老师告诉强强爷爷。爷爷惩罚强强，没有带他去游乐场玩。强强心里很不高兴，趁爷爷不注意，悄悄地把爷爷眼镜扔进垃圾箱，害得爷爷看不了书。

喜欢恶作剧的孩子一般较聪明，善于动脑，点子多。随着年龄增长，家长的教育指导，类似行为会逐渐减少。但如果家长对于孩子的恶作剧行为置之不理，甚至欣赏、纵容，则会使孩子养成不良的行为习惯，影响其身心健康发展。同时，有些恶作剧行为可能会带来严重后果，应予以重视防范。

常被愚弄的孩子喜欢恶作剧

大赵带儿子全全和同事去郊游，野餐时同事们逗全全。小薛爱开玩笑，把全全叫到身边，拿一盒薯片，让全全叫他爷爷。全全不懂辈分，就叫了声“爷爷”，惹得大家一阵哄笑。

大赵脸红了。他开始给儿子讲道理：“我看他那么年轻，还没有长胡子，就管他叫哥哥吧，他是个坏哥哥。”大赵倒了一杯饮料交到儿子手中，对他说：“去把这杯饮料送给那人，管他叫哥哥。”大赵坏笑着向小薛努了一下嘴。

全全心领神会，知道自己刚才受骗了，决定报复小薛。他手拿一杯饮料，向小薛跑去。小薛正与其他同事说话，见全全过来，说：“来，到爷爷这边坐。”全全摇头说：“你不是我爷爷，是哥哥，你是坏蛋。”全全猛地将一杯饮料泼到小薛头上，然后笑着跑开。

同事们愕然，大赵也十分尴尬。没有想到，儿子的玩笑开过了头，忙拿起一叠面巾纸给小薛擦拭衣服。

与孩子开过分的玩笑，是不合适的。不恰当的玩笑没有给孩子应有的尊重和爱护，会对孩子性格养成产生不利的影响。同时，受捉弄的孩子也会捉弄别人。

成人间恶作剧孩子也会模仿

牛牛爷爷喜欢下棋，常在小区里与几个老棋友摆兵布阵，有时也带着牛牛一边看热闹。

这天，爷爷带牛牛从公园回来，见小区里几个棋友正为一步棋争得脸红脖子粗。爷爷对牛牛说：“牛牛，这几位爷爷火气太旺，你去当小小消防员，给他们浇点水。”说着把半瓶矿泉水打开，递给牛牛。

牛牛心领神会，将半瓶水全浇到了棋盘上。众人一愣，“这是谁家孩子？”见牛牛跑回爷爷怀中，众人笑骂牛牛爷爷：“老牛你可真缺德，指使孩子干这坏事。”

爷爷说：“要不是我孙子给你们降温，非打起来不可。”

大家见老牛说笑，看孩子顽皮可爱，便一笑了事。下棋的停止了争吵，擦干棋盘，重新开局。

事情是过去了，但牛牛却记下了这事。这天，牛牛妈妈带牛牛在小区玩耍，见一伙人蹲在地上下棋。牛牛从妈妈手中拿走水瓶，又将一瓶水全倒在棋盘上。

下棋观阵的人正为一招棋苦苦思索，没想到淋了一头水，众人很生气。有人吓唬他：“你这熊孩子，把你送派出所去。”牛妈妈正与邻居说话，没有在意牛牛。见他坏笑着跑回来，才知道惹祸了，急忙向他们道歉。

牛牛第一次在爷爷怂恿下搞恶作剧。孩子识别是非的能力差，如怂恿、引逗孩子开过分的玩笑，孩子会如法炮制，容易养成不良习惯，对孩子成长带来负面影响。

育儿建议

对待孩子的恶作剧行为，家长不分场合和原因，训斥责打，只能加剧孩子的抵触情绪，不能解决问题；而袒护孩子，把孩子恶作剧当作孩子的机智聪明夸奖、炫耀，更是不妥；认为孩子小不懂事，不批评，不教育，任其发展，也是不适当的。对于孩子的恶作剧行为要及时加以制止，不能任其发展。要做到以下几点：

1. 有针对性地加以引导和教育

孩子爱做恶作剧的原因各不相同，不能一概而论。要弄清情况，从根本上加以解决。孩子们喜欢“探险”，可以多带孩子接触新鲜事物，涉猎新领域，满足其好奇心。要多花一点时间陪伴孩子，让其感受家庭的温情和亲人的爱意。若孩子对管教有抵触情绪，家长应改善教育方法，不能和孩子硬碰硬。

2. 让孩子了解恶作剧的后果

一般而言，孩子做恶作剧是因为他们并不了解恶作剧会导致什么样的后果。家长要跟孩子讲道理，想办法让孩子适当体验自己的行为可能导致的后果。例如，梅奶奶的孙子把面粉撒到地板上，梅奶奶就对他说，"宝贝，我们不能吃蛋糕了，因为做蛋糕的面粉让你弄脏了。"强强把爷爷的眼镜扔到垃圾箱里，爷爷告诉强强，"爷爷离开眼镜就像你闭上眼睛一样，什么东西都看不见。"然后他让孩子体验一下闭上眼睛是什么感觉。有的孩子喜欢戏弄别人，喜欢将别的小朋友东西藏起来。可以让孩子体验一下玩具找不到的滋味。让孩子知道恶作剧行为可能导致的后果，有利于孩子改正不良行为。

3. 与孩子开玩笑要适度

家长不要与孩子开过分的，或不健康、不利于孩子身心发展的玩笑。家长身兼多重身份，既是长辈家长，又是朋友和老师，要注意角色间的转换，把握各种角色的要点。作为长辈，不要总是板着面孔教训孩子，要给孩子做榜样。要让孩子尊重你，就得先尊重孩子。

第二十三章
这些安全隐患您注意到了吗

老年人经常有力不从心的时候。关于孩子的安全问题，要提前做好预防工作，防止突发事件的发生。

安全是第一位的

据有关部门统计，我国每年有超过20万14岁以下儿童因意外伤害死亡，每3个死亡儿童中就有1个是意外伤害所致。上海儿童医学中心提供的数据显示，52%的儿童意外伤害发生在家中，19%发生在街道，12%发生在学校。其中学龄前儿童意外伤害大多发生在家中，主要是因照顾不当所致。

我们注意到，一些年轻父母常常抱怨老人过于谨小慎微，对孩子限制太多，影响孩子发育和成长。客观地讲，安全永远是第一位的。只有在保证孩子安全的前提下，才谈得上智力开发、体能训练和兴趣培养，离开安全什么都是空话。

尽管绝大多数老年朋友在保证孩子安全方面做出了极大的努力，非常用心。但是，由于社会飞速发展，新事物层出不穷，新式电器、新式家具、新潮儿童玩具等不断涌现；而老人一般对这些新生事物缺乏了解，故而存在安全隐患。

孩子哪里玩安全

暑天，爸爸嫌天气太热，没有让然然去幼儿园，把他送到爷爷奶奶家。然然今年五岁，天生好动，踢球、蹬滑板车，什么运动都爱好，就是不愿意待在家里。可是，到处都是人和车，去哪里玩呢？商场人太多，空气不好，不适合小孩子。街上更不安全，小区太小。爷爷奶奶想来想去，觉得还是去公园安全。那里有草坪树、小山，空气清新，而且没有车辆，很安全。于是，爷爷奶奶就带然然到公园里玩。

这天，爷爷带然然到公园玩，见一条小路上行人稀少，就和然然各站一边来回踢球玩。爷爷不小心，一脚把球踢到山坡上。然然跑去接球，脚下一滑摔倒在一块大石头上，膝盖摔出血来。爷爷急忙跑过来，掏出手帕包上，带然然去了附近医院。好在然然只是擦破了皮，没有伤及骨头。这可心疼坏了然然奶奶，将爷爷狠狠训了一顿。第二天，奶奶带然然去公园，爷爷在家里做饭。

这回奶奶没有给然然带球，给他带了一个小铲子，叫他在山坡上玩挖宝藏游戏。然然见山坡上有几个年纪相仿的小朋友便凑过去，一起玩藏猫猫。轮到然然去捉人家，其他小朋友在前面跑，然然在后面追。奶奶刚要上前制止，只听然然一声惨叫。原来跑在前面的小朋友无意拨动了一根树枝，弹到了然然的眼睛上。奶奶吓坏了，急忙上去看然然。好在眼睛没有什么大事，只是眼皮被抽出了一条血痕。再看那几个孩子，早已跑得无影无踪。奶奶心中叹息：我这样小心还是出事了，这孩子在哪里玩安全呀？

公园空气清新，相对安全，是比较适合老人带孩子游玩的地方。可再安全也存有安全隐患，如果不加以注意，就会对孩子造成伤害。例如，公园里一般不允许踢球，不允许玩轮滑和滑板车等。公园里人来人往，特别是有些上了年纪、患病的老年游客。孩子玩这些不但自己不安全，还有可能会给别人带来伤害。孩子在树林中玩耍时，不要挥舞树枝，以免伤到自己和他人。另外，孩子更容易招惹蚊虫，要防止蚊虫叮咬。公园里的健身器材多是按成年标准设立，孩子玩耍也存在隐患。一些成人的游乐设施，如吊桥、独木桥、很高的滑梯，尽量不要让孩子玩耍。不要让孩子在河边玩，如玩具掉到河里，千万不要。这些都容易发生危险，家长要特别注意。

居家安全隐患不少

刘奶奶自从带上孙子后总是失眠，白天无精打采，丢三落四。到医院检查说主要是心理压力大，作息不规律。医生叮嘱她要注意休息，给她开了些安定片。

刘奶奶平时把药放进药箱，锁上，孩子打不开。这天，刘奶奶和孙子在屋里玩，觉得心里发慌，找开药箱找出一片安定片。吃完药，药箱还没有收好，听到厨房有“滋滋”的声音，想起煤气灶上还做着饭。忙跑过去看，原来是熬的粥溢了。

刘奶奶忙把火调小，处理完回到屋里，看见孙子正坐在地上玩，放在电视柜上的药散落一地。刘奶奶大吃一惊，药散了不要紧，可不知孩子吃了没有。孙子刚两岁，平时就喜欢捡东西往口中塞。她追问孙子，孙子只是摇头，说不清楚。她清点地上的药片，可她已记不清瓶里还剩多少药片。她想给儿子打电话，可又怕儿子儿媳担惊受怕。正犹豫不决时，只见孩子头一歪，倒在地上睡着了。这可把刘奶奶吓坏了，急忙拨打急救电话，把孩子送进医院。医生给孩子做了全面检查后说，幸亏来得及时，不然后果不堪设想。

近年来，小孩误食药片的事情时有发生。特别是家有慢性病的老人，常备降压药、安定片，治疗心脑血管病、糖尿病的药等，务必要保管好。可以把药放在药箱里，盖紧并确保孩子打不开，存放在孩子够不到的地方。特别要警惕那些糖衣药片和颜色鲜艳的药片，这类药对孩子很有诱惑力，极容易被孩子误服。

儿童玩具隐患多

夏天天热，小明和小伙伴在小区里玩水枪。你喷我一枪，我喷你一枪，喷得满脸都是水，衣服全都湿了。大家嘻嘻哈哈，非常开心。小明爷爷一旁看着，没有阻拦。心想：天热，浑身是汗，玩水还凉爽些，大不了回家洗个澡就是了，没有什么大不了的。

第二天一早，爷爷发现，小明两只眼睛布满眼屎，红肿得有些睁不开。这是怎么回事？爷爷急忙带小明到医院看眼科医生。医生给小明检查后说，小明得了急性结膜炎。

爷爷忽然想起昨天晚上小明玩水枪的事。

医生说："小孩子玩水枪有隐患。孩子不知轻重，如水直接喷到对方的眼睛，会造成角膜外伤，组织水肿，甚至可能会导致青光眼、玻璃体积血、视网膜脱落等严重后果。另外，枪体内水时间过长，致病菌滋生，很容易使孩子患上急性结膜炎。"

爷爷听完医生的话，很后悔，再也不让小明玩水枪了。

玩具是孩子成长过程中不可或缺的伙伴，给孩子带来无穷的乐趣。随着生活水平提高，大多数孩子都有许多玩具。但目前市面上的儿童玩具质量参差不齐，存在一些安全隐患。若不加以注意就会对孩子安全健康造成威胁。

育儿建议

老人常有力不从心的时候。孩子对任何新事物都充满好奇，又缺乏安全意识，一刻也马虎不得。老人有时尽管发现危险，但由于行动迟缓，往往来不及制止，意外就容易发生。所以，对待孩子的安全，要提前做好预防，防止突发事件。

年轻的父母要改掉马虎大意的毛病，时刻把安全放在第一位。无论做什么游戏，到哪里玩，首先应该考虑安全，没有把握或者搞不清楚的事不要去做。

1. 注意出行安全

家长带孩子到户外活动要注意以下事项：

走在大街上，一定要牵住孩子的手，不能让孩子一边玩一边独自行走。过马路要遵守交通规则，注意红绿灯。

乘坐公共交通工具时要站稳扶好。孩子单独坐，家长要扶好孩子，避免孩子摔伤、撞伤。私家车要给儿童配备好安全座椅，尽量不要让儿童坐在副驾驶或配有安全气囊的位置。骑电动车带孩子，防止孩子摔落。

到人群密集的场所，要时刻看紧孩子，不让孩子乱跑，以免丢失。

带孩子到公共游乐场所，要遵守秩序，正确使用游戏设备，遵守规则；不让孩子玩不适合孩子年纪的游戏，回家后及时让孩子洗手、换衣服。

2. 注意居家安全

物品安全。孩子对细小的东西往往充满好奇，喜欢放进口中品尝。据某医院急诊科反映，医院每年都会接诊多起吞食异物的孩子。如果发现不及时，孩子就会有生命危险。有孩子的家庭一定要收纳好小物品。

检查孩子的床是不是安全可靠。清理塑料袋、保鲜膜之类的物品，因为这些物品容易堵住孩子口鼻，引发窒息事故。

用电安全。现代家庭中家用电器越来越多，电源插座无处不在。若看管不当，很容易发生儿童触电事故。应把平时不用的插座或孩子能够着的插座安装防触电保护盖。常用插座应设在隐蔽区域或者孩子够不到的地方。夏天应注意电风扇的安全使用，孩子对飞速旋转的扇叶很好奇，喜欢把木条或吸管等物件放进电风扇里，易被高速旋转的电风扇剐伤或绞伤。

用水安全。每年被热水烫伤的孩子不在少数。不要把热水瓶、茶壶、热饭热菜放在孩子能够接触到的地方。给孩子洗澡要先放冷水后放热水。冬天要严防热水袋发生意外，烫伤孩子。

家具安全。近年常有家中多屉柜翻倒伤及孩子的报道。家长要认真检查家中所有的家具是否安全可靠，会不会对孩子的安全造成威胁。如果存在安全隐患应坚决换掉，不可存有侥幸心理。

食品安全。防止孩子吃东西被噎。给孩子喂食时要让孩子安静下来，不要边跑边喂，或者孩子嬉笑打闹时喂食。不要给幼儿喂食整粒易噎的食物，如果冻、桂圆、葡萄、葡萄干、玉米粒、汤圆、花生米等。

门窗安全。孩子缺乏安全意识，趁家长不注意爬上窗台，甚至爬向窗外。家长要注意门窗是否关好。所窗户和阳台要安装有防护措施，不要把孩子单独留在家中，以免发生危险。

家庭是孩子成长的摇篮，只有清除这些安全隐患，才能确保孩子安全健康成长。

3. 注意玩具安全

购买合格产品，保证玩具质量。正规合格的玩具产品外包装上应标有详细的生产厂名、厂址、强制性产品认证标认（3C 认证）、及对产品的细节描述等。产品达不到质量标准，设计不合理，或制造工艺不合标准，都可能存在安全隐患。例如，不合格的儿童玩具中含有危害人体健康的有毒物质铅、铬、锑、砷、钡、铜和汞等，对孩子的伤害远远大于成人。

同时，要选择适合孩子年龄段的玩具，选择不当也会存在安全隐患。例如，有些拼装玩具中包含一些小零件，太小的孩子易将其放进嘴中咽下，进而发生危险。玩具外包装上一般都会有提示，家长应注意阅读。

第二十四章 别用自己的感觉衡量孩子

感觉往往靠不住，带孩子不能自以为是。要站在孩子的角度来看孩子，读懂孩子的小心思。

感觉往往靠不住

童童这两天有点咳嗽流鼻涕，妈妈没有让童童上幼儿园，把童童送到了姥姥家。童童妈叮嘱母亲，童童夜里睡得不好，醒了好几次。白天让他多睡会儿，注意观察。如果有发烧立即打电话，带他去医院看看。

姥姥见女儿叨叨个没完，有些不耐烦，挥手撵女儿："好了好了，别啰嗦了，这些事还用你来教我？安心上你的班吧。"

童童妈走后，姥姥摸了摸童童的额头，没感觉出热来，心想：小孩子流鼻涕，咳嗽两声是常事儿。多喝点水、补充些营养，休息两天自然就好了。姥姥问童童："童童，你感觉怎么样，哪里不舒服？"

童童正专心搭积木，不想姥姥打扰，心不在焉地说："没不舒服。姥姥，您别打扰我。"

姥姥见童童玩得专心，没有什么不正常的地方，便说："那好，姥姥不打扰你，要是觉得哪里不好受就跟姥姥说。"

童童头也不抬，答应："好吧。"

童童一边玩积木，姥姥一旁给他削苹果。童童吃了半个苹果，就不吃了。姥姥要带他出去玩，童童不想动弹，要看电视。姥姥把电视打开，让他看动画片，自己去厨房做饭。

姥姥一边在厨房忙活，一边留意客厅里的动静。童童没有咳嗽，这回她放心了。过了一会儿，姥姥过来看童童，发现他躺在沙发上睡着了。姥姥急忙把电视关掉，拿来枕头和被子。姥姥用手摸了一下童童的额头，没觉出烫来，便又回到厨房。

到了中午，童童还没有醒。童童妈来电话，问童童怎么样。姥姥说："童童挺好的，玩一会儿积木，吃了半个苹果，看了一会儿电视就睡着了。"

童童妈问："童童发热不？"

姥姥说："不热。我摸了好几回，没感觉出热来。"

童童妈说："您用手摸可不准，得用温度计测一下。"

姥姥说："温度计不是拿你家去了吗？我的手挺准。你小时候我就是靠手来掌握，八九不离十。"

童童妈妈撂下电话还是不放心。她看了一下手表，离下午上班还有半个多小时，便出去买了一个体温计，打车来到母亲家。她见童童还在沙发上睡觉，便给童童夹上体温计。这一测，童童妈吓了一跳，38.5℃，忙带童童去医院。童童姥姥不解道："不会吧，我摸童童小脑袋也不热呀，怎么就38.5℃，该不是体温计有问题吧？"

在医院，医生重新给童童测量了体温，比在家时还高。看血常规，是病毒和细菌感染，必须消炎和降热处理，留童童在医院打点滴。

童童姥姥用手摸童童的头，没有觉出热来，实际上童童已经烧得厉害。所以，单凭感觉衡量体温往往靠不住，甚至会导致严重后果。

自以为是危害大

赵姥姥这几年一直住在儿子家，帮助照顾孙子。现在孙子已经三岁上了幼儿园。这时，女儿又给她生了个外孙子，赵姥姥便喜出望外地赶到女儿家，帮助照顾女儿和外孙。

赵姥姥从儿子家带来一大包小孩子的衣服和玩具。有些还是崭新的，连包装都没有拆。赵姥姥还带来几罐孙子吃的配方奶粉，这些奶粉都是托人从国外带回来的。孙子现在已经三岁，喝得很少，正好女儿缺奶水，用得上。

可是，过了几个月，赵姥姥的外孙子肚子胀得很大，而且高烧不退。赵姥姥和女儿急忙带孩子去医院，经检查，孩子患了肾衰竭。

小小的孩子怎么会肾衰竭呢？赵姥姥和女儿百思不得其解。医生问她们给孩子喝的是什么奶粉，赵姥姥把家里的奶粉拿给医生看。医生看完说明后告诉赵姥姥："你家孩子应该喝一段配方奶粉，可你们却给孩子喝的是三岁孩子喝的配方奶粉。三段奶粉蛋白质及矿物质含量较高，初生婴儿肾脏承受不了这样的负荷。如果婴儿同时患肠胃炎或病毒感染，更增加肾衰竭的风险，严重者还会影响婴儿的脑部发育。"

赵姥姥一听这话，悔得痛不欲生，顿时眼泪就流下来了。原本以为都是孩子喝的奶粉，没想到还有这么多说道。为了省点钱，却害了孩子，真是糊涂。

赵姥姥，自以为是，让一个刚刚出生的宝宝喝三段奶粉，结果酿成大祸。其实，只要认真看一下奶粉包装上的说明书，或者询问一下，就不会犯这样的错误。

育儿建议

1. 读懂孩子的小心思

杨杨姥爷发现杨杨有一个奇怪的行为，总是看同一部动画片，而且就看同一集。这叫他很是不解，心想：这孩子是不是有什么问题？

姥爷拿起遥控器，试着给他调到别的节目，杨杨又给调了回来。姥爷耐心跟他商量："杨杨，这部动画片第一集咱们看了好几遍，继续往下看好不好？后面会越来越精彩。”姥爷说着给调到第二集。

杨杨不同意，固执地说：“不，您给我调回来，我就看第一集。”

姥爷发火了，说：“不能调，不准再看第一集。谁家的孩子也没有像你这样，这是什么毛病？”

杨杨呜呜地哭起来，抹着眼泪说：“我就看第一集。我要回家，不在你们家住了。”

杨杨的姥姥听到孩子哭声，走过来，责怪老伴：“我看是你这老头子有毛病，小孩子愿意看什么就叫他看什么，你管他干什么？”姥爷气得出了门，姥姥哄好杨杨，继续让他看第一集。

晚上，杨杨妈妈回家，姥姥向女儿讲述杨杨和姥爷争电视的事。女儿笑着跟父亲说：“我们同事家的孩子也有这样的问题。”为此，他们还请教过相关专家。专家说：“孩子喜欢重复看同一部动画片并没有什么不正常。孩子在成长过程中，经常会做一些重复性行为，说明孩子的个性正在形成和发展。其次，孩子认识能力、想象能力和记忆力还不完善，他们在重复中体会成就感。随着孩子心智水平的提高，这种现象就会逐渐消失。”

姥姥接着女儿的话批评老伴：“你看人家专家讲得多有道理，你替孩子着什么急？他长大了，想让他看他都不看。”

杨杨喜欢重复看同一部动画片，不是什么毛病，是孩子成长阶段的一种特殊表现。杨杨姥爷因为没有读懂孩子的小心思，与外孙产生了矛盾。

孩子的内心世界与成人有很大不同，老人要带好孩子，必须读懂孩子，懂得孩子的喜怒哀乐。例如，孩子与成人同看一部动画片，孩子许高兴得手舞足蹈，而成人却无动于衷，没有一点感觉。

又如，孩子跪在房间地板上排兵布阵，有大炮、坦克、飞机、小汽车，口中念念有词："冲呀，冲呀。"忽然，他双手一扫，将地板上所有的玩具弄得乱七八糟。这时，爷爷走过来，批评他道："瞧你这孩子，这么没有常性，玩得好好的突然间就心烦气躁，把玩具弄一地。不把玩具收拾好就不准吃饭。"孩子不吭声，坐在一边生气。一会儿，奶奶过来，心平气和地问他："怎么不高兴，为什么玩具全搞乱了？"孩子说："我没有不高兴，是龙卷风来了，把武器刮乱了。爷爷他不懂。"孩子还沉浸在游戏里，而爷爷却以为是孩子心烦气躁。

再如，爷爷将月月一个掉了两个车轮的玩具车扔掉了。月月发现车不见了，家里翻了个遍，也没有找到。爷爷告诉他："因为那个玩具车坏了，所以扔掉了。"月月顿时哭起来，说那是他用大炮打坏的敌人战车，是战利品，不能丢。爷爷没有办法，去垃圾箱给找了回来，月月才破涕为笑。

孩子就是这样，他们的世界里充满神秘，而不了解这一点的家长却觉得索然无味，没有一点意思。家长眼里破破烂烂、毫无价值的东西，在孩子眼里可能是宝贝，充满了乐趣。

刘姥姥晚饭做了一条红烧鱼，刚端到餐桌强强就嚷嚷："我不吃鱼，不吃鱼。"刘姥姥很生气，问他："你妈妈说你最爱吃鱼，到了姥姥家为什么就不爱吃了？"强强说："我没有说过我喜欢吃鱼。"姥姥给强强妈妈打电话，强强妈妈说："强强没有吃过的东西不会轻易吃，让他尝到味道就喜欢吃了。"强强姥姥将鱼埋到饭里一点点，强强尝到味道，咂嘴说："好吃。"

孩子成长的每一个阶段各有其特点。如1~2岁的孩子情绪波动大，需求得不到满足就爱发脾气；2~3岁的孩子感情丰富，比较任性，喜欢说"不"；3~4岁时，孩子行为容易情绪化，更加任性；

4～5岁孩子已经能够领会家长的具体要求，懂得遵守规则，学会控制自己的情绪。孩子行为背后都有其小心思，老人只有读懂孩子，才能与孩子和谐相处。

2. 正视老人的特点

人的感官随着年龄的增长逐步退化，这是无法改变的自然规律。老人要正视现实，看到身体上的变化和差别，并在与孩子相处时加以注意，别对孩子造成不良影响。如有的老人带孩子看电视，以自己的听力来调整音量，把声音调得很大，容易对孩子听力造成伤害；有的老人做菜放盐过多对孩子而言，过咸会增加肾脏负担，危害很大；还有的老人因身体不好，自己畏寒怕冷，也总给孩子穿得很厚。这些对孩子都是有害而无益的。

3. 别把孩子当大人

李奶奶的孙子感冒了，没有去幼儿园。李奶奶十分用心，一天给孩子测好几次体温。下午四点多钟，孩子突然发烧到了38℃以上，这可吓坏了李奶奶。这样烧下去，还不把脑子烧坏了，她想给儿子和儿媳妇打电话。又一想，他们接到电话，担惊受怕，还得请假，不如先给孩子吃点药，把体温降下来。她想起头几天自己感冒发烧吃的退热药很好使。李奶奶从药盒中将药取出来，将药掰了一半，研成末给孩子服了下去。没过多久，孩子的爸爸妈妈下班回来了，见孩子大汗淋漓，问母亲怎么回事？李奶奶便把给孩子吃退烧药的事儿说了。孩子爸妈心觉不妥，急忙抱起孩子去医院。

到了医院，医生马上给孩子进行了对症处理。医生提醒家长，把成人的退烧药剂量减半给孩子吃，这是非常错误的。这样不但延误病情，还会引起不良反应。因为儿童退烧药与成人退烧药有很大差别。孩子服用成人退烧药，由于对剂量或成分不适应，容易导致虚脱，或肝肾及血液系统的不良反应。尤其是3岁以下的孩子，身体各系统发育还不成熟，极易导致不良后果。

孩子正处于生长发育阶段，发育还不完善，在形体、生理、病理方面都与成人不同。李奶奶虽然想到把成人的药掰一半给孙子吃，孰不知道成人和孩子用药是不同的，险些酿成大祸。

有些老人一边吃东西，一边带孩子，时不时将自己吃的塞进孩子的嘴里。这其实很不科学安全，孩子消化系统发育不熟，吃成人食物不容易消化，易导致消化不良，出现呕吐、腹泻、腹胀等症状。此外，成人食品过甜或者过咸都不适合孩子。

4. 学习科学育儿知识

要科学喂养，孩子发育到什么阶段喝什么奶粉，什么时候应添加辅食，添加什么辅食，这是一门学问；孩子发育到什么程度，应进行哪方面的早期教育，更是一门科学。不能想当然，凭感觉办事，易导致严重后果。

第二十五章 孩子为何变成了"两面派"

孩子“两面派”的性格是由成人多重标准造成的。家长在孩子面前说两样话、办两面事，会令孩子困惑；久而久之，在家长的影响下成了“两面派”。

“小绵羊”与“混世魔王”的转换

晶晶在姥姥家是个厉害角色，想干什么就干什么，为所欲为。早晨起床在地板上摆积木，玩布娃娃。姥姥叫她吃早饭，她也不理睬，姥姥只得将饭菜端过来喂她。晶晶玩烦了，把房间所有玩具都推倒，然后从冰箱取出冰淇淋，一边吃冰淇淋一边看电视。姥姥姥爷劝她：“晶晶，刚吃过饭再吃凉东西对胃不好，会肚子疼。”晶晶小嘴一噘，坚定地说：“不，我就要吃。在家我说了算，你们都得听我的。”姥爷姥姥听了这话，没有同晶晶争辩。他们只有一个外孙女，不知怎么疼爱，能说什么呢？就继续劝道：“好，我们都听你的，你是小女皇，咱们一会儿再吃好不好？”晶晶摇头，说：“不，我现在就吃。”姥姥姥爷只好作罢。

到了晚上，妈妈来接晶晶，无意中打开冰箱。发现早晨她送晶晶带来的一盒卷筒冰淇淋，一共六支，现在只剩下一半。两位老人都有高血糖，从来不吃这种东西，难道是晶晶一个人吃掉了？她早上同晶晶说好，每天只能吃一支，怎么到姥姥家就变了卦？妈妈很生气，质问晶晶：“三支冰淇淋都是你吃的？”

晶晶知道自己做错了事，没敢吱声，点了点头。

妈妈说：“你不是答应过妈妈，每天只吃一支，为什么说话不算数？”

晶晶脱口而出：“是姥姥让我吃的。”

晶晶妈一听这话，责怪母亲：“这么小的孩子一天吃这么多凉东西，能受得了吗？”

姥姥明知晶晶在撒谎，可是，姥姥不想当着晶晶妈妈的面揭穿晶晶。于是，对晶晶妈妈说：“谁让你一下子买那么多，你不会一次就买一支，买不是吃的吗？”

女儿听出母亲话中的意思，反驳母亲：“这孩子在家可听话了。告诉她每天只准吃一支，从来不多吃，怎么一到这儿就变了？还不是你们给惯的。”

姥爷听女儿这么说，从里屋出来，替老伴辩道：“都说是我们惯的，你们就不检讨一下自己，把孩子管得这么严，没有个放松的地方，想让孩子怎么样？”

女儿听父亲说这话，哭笑不得，说：“这里成了孩子的自由世界，我说她怎么不愿意上幼儿园？你们就这样惯吧，小小孩子，成了‘两面派’。”

一般老人对孩子比较溺爱偏袒，甚至放纵。总以为孩子还小，不懂事，长大就好了。殊不知，孩子虽小，却会察言观色。正如晶晶，在自己家是个听话的“小绵羊”，到姥姥家就变成了“混世魔王”，她就是吃准了父母与姥姥姥爷对自己的不同态度。

为什么孩子在幼儿园会变乖

婷婷这几天有些流鼻涕，妈妈没有让她上幼儿园，把她送到了奶奶家。妈妈跟奶奶说：“婷婷在幼儿园都是自己吃饭，不需要人喂。中午吃完饭要睡午觉。”奶奶听了很高兴，说：“还是幼儿园好，婷婷在里面养成了好习惯。”

可是，婷婷在奶奶家却变了一个人。吃饭要奶奶喂，奶奶不喂她就不吃。奶奶说：“婷婷在幼儿园不是自己吃饭吗，怎么到奶奶家又让人喂饭呢？”

婷婷想了想，说：“那好吧，我自己吃。”婷婷拿起勺子，心不在焉地吃了两口，又玩起来。奶奶催促她快吃饭，婷婷不理睬，只顾自己玩。奶奶见饭都凉了，拿去热了一遍，端回来喂起来。

到了中午，吃完饭，奶奶要婷婷睡午觉。婷婷躺在床上，嘻嘻哈哈地说笑，就是不睡觉。奶奶问她："你在幼儿园睡不睡午觉？"婷婷回答："睡。"奶奶又问："不睡行不行？"婷婷回答："不行，老师看着呢。"奶奶说："为什么在家你就不睡觉？奶奶也看着你。"婷婷想了想说："您不是说不睡就不睡吧，晚上早点睡。"奶奶说："我什么时候说过这样的话？"婷婷说："以前说过，奶奶忘记了？"奶奶想了想，以前是说过这样的话，没想到小姑娘给记住了。婷婷奶奶不明白，孩子为什么在幼儿园和家里两个样子。

下面我们来帮助婷婷奶奶分析一下：

首先，孩子"两面派"的表现，是由成人的双重标准造成的。幼儿园管理比较严格，对所有孩子一视同仁，不会因某个孩子而有所改变。孩子在家里则没有那么多规矩，而且老人不会很严格。孩子一旦耍赖，便心疼妥协。孩子有了这样的体验，就会在家一个样子，在幼儿园一个样子。多重标准，造成了孩子行为的多面性。

其次，孩子有荣誉感，希望得到表扬，不希望受到批评。幼儿园里一起吃饭，哪个小朋友不好好吃饭，随便说话，老师会当着大家的面进行批评；谁要是午睡时间不睡觉，老师可能不让他参加下午的集体游戏等。所以，孩子在幼儿园会努力表现自己，而在家则不同。

最后，如果父母管教过于严厉，孩子需要有一个地方来放纵自己，这个地方当然就是姥姥和奶奶家了。如此看来，婷婷的"两面派"表现就不难理解了。

孩子的“两面派”行为是被逼出来的

冬冬很听话，大家都夸他是个懂事的孩子。最近冬冬犯难了，姥姥和奶奶同时给他报了两个兴趣班。姥姥给报了个书法班，每周上一次课；奶奶给报了个跆拳道班，一周上两次课。说心里话，两个班哪一个他都不愿意学，可还得当着姥姥奶奶的面说愿意学，冬冬跟爸爸说了自己的烦恼。

冬冬妈也不愿意冬冬学，她认为孩子还小，过早参加这样的学习班对孩子来说是个负担。这天，冬冬一家和姥姥姥爷、奶奶爷爷一起聚餐。冬冬妈妈对四位老人说：“孩子不愿意学，硬逼他学，不但学不好，还浪费时间。我看那两门课就先不学了吧。”

姥姥和奶奶不解地问：“孩子愿意学，你们凭什么说他不愿意?”

冬冬爸爸当着四位老人的面道出了冬冬的烦恼：“孩子当你们的面说愿意学，他是个听话的孩子，他在说违心话。”

冬冬爸说完这话，餐桌上一时静下来，大家陷入了沉思。

姥爷说话了：“我看孩子多学一点少学一点事小，把孩子逼成‘两面派’就麻烦了，孩子不愿意学就不要学了。”

爷爷赞同姥爷的话，说：“这件事也给我们当家长的提了个醒，以后孩子学什么，参加什么活动，首先要征求孩子的意见；或者让孩子自己先提出要求，我们再决定；而不能我们先决定，再让孩子来表态。这样孩子很为难，容易说假话。”

姥姥与奶奶相互看了一眼，同时叹息道：“没想到，小孩子的心思也这么复杂。”

冬冬爸爸妈妈的做法值得提倡，让孩子说实话说心里话，不能把孩子逼成“两面派”。可是，现实生活中，有些家长时不时地教孩子一些“两面派”手法，当老人与孩子父母意见不一致的时候，便让孩子说谎话。例如，妈妈要求孩子在姥姥家自己吃饭，不要让姥姥喂。姥姥嫌孩子吃饭吃得太慢，便拿起筷子和勺子喂孩子。孩子说：“妈妈让我自己吃。”姥姥说：“别告诉妈妈，就说是你自己吃的。”又如，奶奶接孩子下幼儿园，见天热，帮孩子背书包。孩子不让，说：“奶奶，老师叫我们自己背书包。”奶奶说：“咱们都出幼儿园了，老师看不见。”这些做法都不妥。

育儿建议

“两面派”是孩子成长过程中的常见行为。“两面派”的孩子大都很聪明，根据家长的脾气和对自己的态度，适时调整自己的行为方式，以逃避惩罚或得到奖赏。但家长若不及时纠正和有效引导，会影响到孩子优良品质的形成与建立。为此，家长要注意以下几点：

1. 家长不做“两面派”

家长是孩子模仿的主要对象，家长当孩子面说两样话，办两面事，会令孩子困惑。久而久之，孩子会跟着模仿。家长更不能教孩子做“两面派”，外面一个样，家里一个样。

2. 家庭内部要统一教育标准

家人在孩子面前要统一口径，尤其老人。不能因疼爱孩子而降低标准；或者自食其言，说话不算数，让孩子钻了空子。家庭教育要尽量与幼儿园一致衔接。孩子的自我管控能力较差，需要家长指导、督促和矫正。老人如果溺爱孩子，会使孩子找到突破口。因此，老人要和孩子父母保持一致，对孩子严格要求。

3. 适当的鼓励和恰当的批评

老人和子女在教育孩子的问题上要保持沟通，宽严适度。老人不能因疼爱孩子而护短；父母要给孩子自由空间，不能让孩子过于压抑。

孩子自控能力较差，需要家长帮助孩子约束自己。可以通过讲故事、举例子等方式，引导孩子学会自控自律。

第二十六章
别把成人间的矛盾暴露在孩子面前

如果常把成人之间的矛盾和分歧暴露在孩子面前，甚至将孩子卷入其中，将会给孩子幼小的心灵留下阴影。

家庭环境如何，直接影响到孩子的心理发展。良好、温馨、和谐的家庭环境，有利于培养孩子乐观向上的性格品质；长期生活在紧张、压抑的家庭环境中，孩子容易形成孤僻、冷漠、自私，甚至玩世不恭等不良品质。

孩子为什么不高兴

畅畅和爸爸妈妈住在姥姥家，姥姥常因一些琐事数落妈妈，让畅畅很不高兴。这天晚上，爸爸有事没有按时回家，她和妈妈在客厅里玩。姥姥当着她的面，又数落起妈妈，并说到爸爸。姥姥说爸爸是个大懒虫，回家什么活也不干，不是玩手机就是看电视，比住宾馆还舒服。妈妈反驳姥姥："您总说他不干活，家里除收拾屋子、洗洗碗，这些活我都干了，还有什么活需要他干？您如果不愿意让我们在这儿住，我们就搬走。"妈妈说到这儿哭了。姥姥见妈妈哭了，更加生气，大声骂起妈妈。畅畅害怕了，一个人躲进小屋。

爸爸回来，问畅畅："为什么一个人待在小屋里？"

畅畅望眼门口，贴在爸爸耳边说："刚才，姥姥骂妈妈，还骂你是大懒虫，就知道看电视、玩手机，什么活也不干。"畅畅爸听完畅畅这些话，只得含糊说："是吗？你是爸爸的小侦察员，有什么情况及时告诉爸爸。"畅畅点头："那好吧。姥姥还说，不想在这儿住就滚蛋。"爸爸说："好吧，爸爸已经看好一套大房子，过几天我们就搬走，不惹姥姥生气。”

第二天，畅畅从幼儿园回来，在客厅里玩。她将卡片摆满一地，姥姥生气地说：“畅畅，看你把房子搞得乱七八糟，你自己来收拾。”畅畅本来把昨天的事情都忘记了，姥姥批评她，她又想了起来，回击姥姥道：“我爸爸说了，我家买房子了，过几天就搬走，不在你们家住了。”

姥姥一听这话，很是惊讶，这么大个事，这两口子为什么一点信也没有透露？看来一定是生气了。姥姥越想越伤心，晚饭也懒得做，就等女儿回来问个究竟。

老人批评子女本无可厚非，可要注意方式方法。当着孩子面批评孩子父母，会对孩子造成不良影响。孩子与父母最亲近，老人当着孩子面批评孩子父母，会使产生抵触敌对心理。虽说孩子小，但时间一长，就会改变孩子对老人的看法，影响祖孙之间的感情。

孩子为什么无所适从

亮亮今年四岁，最疼爱他的姥姥奶奶都在身边。亮亮平时由两位老人一起带。

这天，姥姥奶奶一起带亮亮去公园玩，姥姥给亮亮穿上半袖衫，小短裤。奶奶摇了摇头，说：“这套衣服不行，会凉着孩子。”奶奶找出一套长袖衣服，要给亮亮换上。姥姥不同意，反驳奶奶说：“凉什么，这什么天，你都穿半袖衣服，为什么非要给孩子穿长袖？”奶奶说：“孩子小、抵抗力差，不能跟大人比。”姥姥说：“正因为是孩子，出门就跑，亮亮总是满头大汗，你看不到呀？这样更容易感冒。”奶奶听姥姥这么说，不高兴，将衣服扔在床上，说：“就你有知识，你有知识把孩子冻得流鼻涕咳嗽，好几天不能去幼儿园。”姥姥说："孩子流鼻涕咳嗽是冻的？纯粹是你给捂的。"

两人越吵越激烈，吵得亮亮头疼。他猛地大叫一声，把姥姥奶奶吓了一跳，这才停止了争吵。亮亮对姥姥奶奶嚷道："你们一天就知道吵架，我再也不跟你们出去玩了。"说完就躲进自己的小屋里。

姥姥奶奶这才意识到问题的严重性，不再吵架。奶奶同意姥姥的意见，给亮亮穿半袖衣服，把长袖衣服带上。两人达成一致，又去哄亮亮。亮亮来了犟脾气，说什么也不跟她俩走。最终公园没有去成，奶奶和姥姥又相互指责起来。

老人之间容易发生一些矛盾和分歧，又将矛盾和分歧暴露在孩子面前。把对对方的不满对孩子说，发泄埋怨，甚至迁怒于孩子。将孩子卷入其中，给其幼小心灵留下阴影。奶奶姥姥都是孩子最亲近的人，彼此有矛盾会让孩子十分为难，无所适从。

育儿建议

1. 和谐的家庭氛围对孩子很重要

笑笑的妈妈带笑笑到姥姥家，可姥姥怎么也高兴不起来。她发现笑笑有点反常。原本活泼可爱的小姑娘，今天是怎么了，不唱歌，不跳舞，也不说话，一个人呆呆坐在那儿。别人跟她说话，她只是点头，或者"嗯""啊"。

姥姥很是吃惊，问女儿："笑笑这是怎么了？"女儿说：我也不知道，妈，您说她是不是吓着了？

姥姥问："什么事儿吓着笑笑了？"妈妈不语。姥姥立即明白了。女儿两口子正在闹离婚，时常吵架，孩子受到了惊吓。姥姥本不想让女儿离婚，以为有孩子，彼此有了牵挂，能够把这个家维持住。

现在看来，自己的想法错了，这样下去会毁了孩子。姥姥对女儿说：“你两口子怎么样，我管不了，笑笑我得管。你把孩子放在我这儿吧，你安心处理自己的事情。”

笑笑妈今天带笑笑来，原本也是这个意思，没想到话先让母亲给说出来，就点头答应了。

笑笑住在姥姥家，姥姥姥爷想尽办法让笑笑快快乐乐的。

姥姥姥爷和她一起做游戏，唱儿歌，和小区里其他小朋友一起玩。几个月过去，笑笑又恢复了原来的样子，活泼可爱，爱说爱笑，小区里人人都喜欢她。大家说：“笑笑，你一会儿不来我们就想你，你一来我们就高兴。”

家庭是孩子成长的摇篮。和谐的家庭关系，应该是彼此信任，友爱包容。孩子在这样的环境中生活，愉悦而温馨，无忧无虑，自然能够健康成长。若家庭关系不和谐，家庭成员你争我夺，互相攻击，孩子生活在这种环境中，必然影响身心健康。所以，为了孩子的身心健康，家庭成员应和谐相处，不要把矛盾暴露在孩子面前。

2. 老人间的事情要在老人间解决

老人不要当着孩子面说长论短，更不能迁怒于孩子。老人带孩子的方法不同，原本无所谓对错。老人之间彼此应相互谦让，不要伤了和气，伤了感情，伤了孩子。

在这方面，子女要做好调停人，认真听取老人的意见，避免老人之间产生矛盾。

3. 老人别当孩子面训斥子女

老人即使是为保护孩子，也尽量不要当面批评孩子父母，这样会对亲子关系产生影响。父母一旦批评孩子，孩子就会向老人诉苦，从而使孩子养成告状的习惯。不要以为孩子小，无法判断孰是孰非。孩子会察言观色，会从话语和语气表情中判断成人的情感。老人对子女有什么意见，可以背着孩子讲，避免对孩子产生不利影响。

4. 别让孩子当传话筒

松松在奶奶家小区里玩，见到别的小朋友骑自行车，围着小区一圈一圈地骑，很有意思，就央求奶奶买自行车。奶奶见别的孩子有，也想给松松买一辆。可是一打听价钱，吓了一跳，得300多元钱。奶奶有些舍不得，想跟松松说，让他爸妈买；又一想，松松爸妈工资也不高，还得还房贷，就对松松说：“我家钱都给你们买房子了，去跟你姥姥说，让你姥姥给买。”松松见奶奶不给买，闷闷不乐。过了几天，松松到姥姥家，对姥姥说：“姥姥，给我买一辆自行车吧。”姥姥不解，问：“怎么想起买自行车？”松松说：“我奶奶家钱都给我们买房子了，你就给我买一辆吧。”

姥姥问这话是谁说的，松松说：“是我奶奶说的，我奶奶说你们家的钱花不完。”

姥姥一听这话，顿时就来气，拉着松松回家，要给他奶奶打电话。松松不知姥姥为何发这么大火，吓得跑进屋里躲了起来。

有时，我们不能把孩子当孩子，要尊重孩子，认真倾听他们的想法和意见；可是，孩子就是孩子。孩子不明白前后话的语境关系，单独拿出一句话意思就变了。不要听信孩子传过来的话，否则只能激化矛盾。

第二十七章
老人带孩子要量力而行

随着年龄的增长，老人身体机能会逐渐退化。带孩子一定要量力而行，勉强为之不但对健康不利，还会给孩子带来不利影响。

钱奶奶的教训

钱奶奶老伴去世早，一个人生活，后被接到儿子家和儿媳一起照顾孙子。孙子胖胖十分可爱，老人很是喜欢，视为心肝宝贝。她将孙子照顾得很好，儿子儿媳都很高兴，一家人其乐融融。儿媳妇上班之后，她一个人带胖胖。一晃，孩子两岁半了，越发聪明伶俐，讨人喜欢。一天，钱奶奶带胖胖在屋子里玩耍，因口干，便对胖胖说："胖胖，你自己玩一会儿，奶奶去喝口水。"胖胖听说奶奶要喝水，非要去给奶奶端水杯。钱奶奶无奈，就对胖胖说："胖胖小，端不动水杯，奶奶把水杯端过来喝。"等奶奶端来水杯，胖胖非要学大人样子喂奶奶喝水。钱奶奶见孙子笨拙的样子很是可爱，忍不住哈哈大笑。不料乐极生悲，钱奶奶忽觉胸口一阵剧痛，跌倒在地上，再也没能起来。

钱奶奶患有严重的心脏病，怕给儿女带来负担，一直挺着不说，结果导致悲剧发生。

硬撑着危害大

苗苗的爸妈在外地工作，两人忙于事业，无暇照顾孩子，就把女儿苗苗送到了姥姥家。苗苗姥爷去世得早，平时就苗苗姥姥一个人，有外孙女陪伴自然满心欢喜。她每天带孙女四处玩耍，苗苗跑得快，姥姥担心孩子的安全，紧紧跟在后面。为此，有一次把脚踝扭伤，被邻居送到了医院。医生诊查后说："好在伤得不厉害，静养一段时间就能恢复。"姥姥怕女儿担心自己，一直没有告诉她。因为上下楼不方便，不能带孩子去户外活动，每天把外孙女关在家里。苗苗不愿意闷在家里，吵着要下楼。姥姥就让孩子看电视，给零食吃，想尽办法哄苗苗待在屋子里。

一晃几个月过去，春节时苗苗爸妈回家，发现苗苗胖了许多，性格也变得有些孤僻。便带她到医院检查，医生诊断说，孩子缺钙，发育也比同龄孩子差。苗苗父母听后非常痛心，后悔不该把孩子交给老人不管不问。过了年，他们将孩子带回身边，送进了幼儿园。可苗苗一去幼儿园就大哭大闹，不愿意与其他小朋友一起玩耍。经过爸爸妈妈和幼儿园老师一个多月的努力，苗苗才算恢复正常，融入群体之中。

老人常会陷于两难境地。一方面，他们希望孩子多参加户外活动，多与外界接触，玩得愉快；另一方面，因身体精力所限，也为孩子安全着想，尽量将孩子置于自己控制范围之内。怕孩子摔倒，怕追不上孩子，爱把孩子圈在一个小范围内。担心孩子被别的孩子欺负，不让孩子与其他小伙伴一起玩。

孩子的成长发育有其自身的规律和要求，需要与同龄孩子互动，过分限制孩子需求，对其成长和发育不利。所以，老人带孩子，应当正确评估自身状况，别勉强为之。

育儿建议

1. 量力而为

儿孙绕膝，共享天伦之乐，是每位老人的美好愿望。老人退休之后，如果有时间和精力，帮助子女带带孩子，不但可以增进与孩子的感情，提高晚年生活幸福感，还可以免除子女的后顾之忧。不过照看孩子不是一件轻省活。精神高度集中，体力消耗很大，很辛苦。所以，老人一定要把握好尺度，视身体状况而行，不可勉为其难。如有身体不适，一定要及时诊治，不可硬挺。即使自我感觉良好，也不可大意，要定期进行体检，对自身状况有所了解。有慢性病的老年朋友要按时服药，注意休息，劳逸结合。特别是患有心脏病、高血压等心脑血管疾病，糖尿病、腰腿痛病的老年朋友，带孩子更要谨慎，不可大包大揽，必要时只做些育儿方面的辅助工作。

2. 和孩子玩闹要适度

天天姥爷非常喜欢天天，每天都陪天天一起玩一会。

天天早晨赖床，姥爷便躺在床上逗他。天天要骑大马，姥爷翻身，假扮成马，让天天骑。天天骑得开心，在姥爷背上一起一落，口中连喊："驾，驾。"突然姥爷一声惨叫，再也动弹不得，吓得天天哇哇大哭。姥姥听到哭声，慌忙从厨房跑过来，问姥爷怎么了？姥爷说他腰痛，不能动弹。姥姥打电话，叫来急救车，将姥爷送到医院。经过检查，姥爷腰扭伤，在医院治疗了好几天才好。

随着年龄的增长，身体各项机能都在逐渐退化。该服老时就服老，与孩子一起玩耍，要注意安全。

老人与孩子做户外游戏活动时，要考虑自身承受能力。不仅要注意孩子的安全，也要注意自身安全。不做危险动作，不做有潜在危险的游戏，以免伤及孩子和自己。

3. 警惕老年焦虑症

张奶奶的儿子儿媳妇在外地工作，将孙子男男留给了她。男男平时上幼儿园，早晚都由张奶奶接送。男男是个活泼淘气的孩子，一转眼工夫就没影，用张奶奶的话说，这孩子没有老实的时候。张奶奶是个谨慎的人，唯恐照看不周，孩子出点什么状况，无法向孩子父母交代。只要孙子离开视线，就莫名紧张、害怕。孩子跑到哪儿她就跟到哪，累得气喘吁吁。

周末，男男没去幼儿园，张奶奶带他去超市购物。从超市出来，张奶奶一手拎着东西，一手领着男男。正好遇到原来单位一位老同事，张奶奶松开领男男的手，与老同事握手。刚说两句话，一回头，男男不见了。她吓了一跳，张奶奶四处寻找。眼前就是停车场，车来车往，还有进出超市的人。“男男，男男……你在哪里？”

张奶奶突然冒出一个不祥的念头，这孩子会不会让坏人给抱走了？她瞬间吓得六神无主，大脑一片空白，喊声都变调了。过往的行人不知发生了什么事情，忙上前问张奶奶，张奶奶语无伦次地嘟囔：“我孙子让人给抱走了，快抓坏人。快帮我找孙子。”张奶奶那位老同事忙帮她报警。这时，一位怀抱孩子的妇女问张奶奶，“在一辆轿车后面藏着一个小男孩，是不是您孙子？”张奶奶急忙跑过去，正是她的孙子男男，男男还一脸坏笑地看着她。张奶奶跑上前，一把搂住孙子，失声痛哭，啪啪地打孩子屁股。男男虽然被奶奶打得很疼，却没有哭，不解地问奶奶：“奶奶，我跟你玩捉迷藏，您为什么要打我？”张奶奶说：“男男，你可吓死我了，你也不看看这是什么地方还捉迷藏？我这么喊你，你为什么就不应一声？”男男回答：“捉迷藏嘛，我一说话你不就发现我了？”一句话说得张奶奶哑口无言。

那次以后，张奶奶总是心烦意乱，时常出现幻觉，脾气越来越暴躁，莫名其妙地发火。常常睡不着觉，吃不下饭，人也消瘦了许多。儿子从外地回来，带母亲去医院做检查，医生诊断张奶奶患上了老年焦虑症，建议安心休养。

老人因担心照看不周，精神长期处于高度紧张状态，时常焦虑，严重者甚至会患上老年焦虑症。老年焦虑症的表现主要有：心烦意乱、注意力不集中、脾气暴躁等。对于老年焦虑症，一定要及时诊治，不可掉以轻心。

缓解老年焦虑就要减轻心理压力和负担。要放松心态，保持内心平静。不要把所有事情都揽在身上，要量力而行。

作为子女要关心老人的身体健康。老人身体出现状况，要及时送老人就医。抽时间多与老人交流，多开导鼓励。减轻老人负担，使他们有时间培养自己的兴趣爱好，如养花养鸟，跳舞等，只要心情好，身体好，焦虑情绪自然会缓解。

4. 给自己留点空间

乔乔 8 个月大时，乔乔妈要上班，孩子由谁带是个难题。奶奶爷爷坚持帮着带，理由是他们身体还可以，不必花钱请人。

乔乔爸爸妈妈担心老人太辛苦，坚持要请保姆，双方僵持不下。最后决定请一位保姆，和他们一起带孩子。这样，爷爷奶奶既能与孙女密切接触，又不会很受累。

乔乔爷爷奶奶参加了市里的老年大学，爷爷学书法，奶奶学跳舞。放了学，老两口去菜市场买菜；回到家，爷爷教乔乔学诗歌，和孩子做游戏，奶奶做家务。

一晃两年多过去，乔乔 3 岁了，聪明伶俐。在爷爷的教育下，乔乔学会 70 多首诗歌，还会讲故事。孩子上幼儿园后，老两口更加轻松了，保姆也用不着了。

现在，老两口已从老年大学毕业。乔乔爷爷的书法在地区老年人书法展览中获得了优秀奖，乔乔奶奶和同学们一起参加全市健身舞大赛。二老每天都很愉快，比以前更加精神了。

作为老人，希望能够帮助子女越减轻负担，分担压力。心甘情愿地付出但老人不应过度劳累，忽视自身健康，要量力而行，不可以透支健康为代价。

应给自己留点空间，使晚年生活更加丰富多彩作为子女，应多关心老人身体健康和晚年生活，陪伴老人做定期体检，抽出时间多陪孩子，给老人更多的休息时间。

好妈妈跟我学·全球教子智慧

日本家教畅销系列

◎金盛浦子　日本心理教育研究专家、精神神经科专家，三个孩子的妈妈
◎小 松 易　日本第一位专业“整理师”，“小松式整理法”创立者
◎山崎房一　日本著名教育专家，风靡日本的“妈妈心理学培训讲座”创始人和主讲人，畅销书作家
◎远藤拓郎　日本广受赞誉的睡眠医学世家远藤家族第三代传人
◎和田秀树　日本著名考试辅导专家、学习类畅销书作者

日本各科研领域专家，凝聚亲身育儿实践
与丰富咨询经验，倾其毕生研究撰写

新手爸妈最喜爱的伴手礼

二孩时代，要敢生，更要会养！

学霸培养从娃娃抓起，让“学霸”从此不再是“别人家的小孩”！

能整理好自己的玩具，才能管理好自己的人生！

像日本妈妈那样温柔地批评，孩子不再犯错了，妈妈的心也宽慰了。

妈妈不唠叨，孩子也听话。每一个妈妈都能成为孩子最亲密的伙伴。

睡眠是一种科学，睡得好，才能身体好、心情好、学习好！

中国经济出版社
日本PHP研究所（松下幸之助先生创办）
联合推出

中华家风家教书系

一位资深教育专家40年教学与教子经验精粹，110个学习问题深度答疑解惑。

一个家族要长久兴旺，靠权力、财富都难，但依靠良好的家风是可以的。

祖父母带出好孙子的100个方法，中国家庭三代人的幸福密码。

全球教子智慧系列·最新出版

《日本祖父母的隔代育儿经》

《日本妈妈的学霸小孩养成课2》

《日本妈妈的温柔批评课2》

《新加坡妈妈的财商启蒙课》

《新加坡妈妈的女儿留美家书》

《美国爸爸的家庭职场双赢课》